KB143878

브루너,
유아교육이론의 새 지평

브루너,
유아교육이론의 새 지평

Sandra Smidt 지음

강현석 · 정정희 · 김필성 · 전호재 옮김

Σ 시그마프레스

브루너, 유아교육이론의 새 지평

발행일 | 2014년 9월 15일 1쇄 발행

옮긴이 | 강현석, 정정희, 김필성, 전호재
지은이 | Sandra Smidt
발행인 | 강학경
발행처 | (주)시그마프레스
디자인 | 이상화
편집 | 김성남

등록번호 | 제10-2642호
주소 | 서울시 영등포구 양평로 22길 21 선유도코오롱디지털타워 A401~403호
전자우편 | sigma@spress.co.kr
홈페이지 | http://www.sigmapress.co.kr
전화 | (02)323-4845, (02)2062-5184~8
팩스 | (02)323-4197

ISBN | 978-89-6866-174-7

Introducing Bruner:
A Guide for Practitioners and Students in Early Years Education

Authorised translation from the English language edition published by Routledge, a member of the Taylor & Francis Group

Copyright © 2011 Sandra Smidt

＊ 책값은 책 뒤표지에 있습니다.

이 도서의 국립중앙도서관 출판예정도서목록(CIP)은 서지정보유통지원시스템 홈페이지(http://seoji.nl.go.kr)와 국가자료공동목록시스템(http://www.nl.go.kr/kolisnet)에서 이용하실 수 있습니다.(CIP제어번호 : CIP2014025719)

차례

옮긴이의 글 ● vii

감사의 글 ● xiii

소개하는 글 ● xiv

들어가는 글 ● 1

제롬 브루너의 시대와 초기 삶 ● 3

제롬 브루너가 마음을 탐구한 시기 ● 19

마음과 의미 ● 31

재기 넘치는 놀라운 아이들 ● 59

의사소통하기에서 말하기로 ● 87

이름 부르기와 지시하는 것을 학습하기 ● 115

요청하는 것과 질문하는 것 배우기 ● 137

교수학 : 교수와 학습 ● 163

내러티브 이야기 만들기 ● 197

마지막 말 ● 227

용어해설 ● 233

참고문헌 ● 246

찾아보기 ● 249

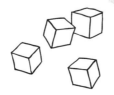

옮긴이의 글

이 책은 Sandra Smidt(2011)가 집필한 *Introducing Bruner: A guide for practitioners and students in early years education*(London and New York: Routledge)을 우리말로 옮긴 것이다. 직역을 하면 "브루너 소개하기 : 조기 유아교육에서 실천가와 학생들을 위한 안내" 정도가 된다. 책의 전체 내용을 보면 우리에게 큰 영향을 미친 브루너의 생각과 입장이 핵심적인 주제별로 잘 정리되어 있으며 유아교육 실천에서 우리가 고려해야 할 시사점들을 제시하고 있다. 그리고 그 주제의 중요성과 이론적 가치, 유아교육에서의 위치를 고려하여 이 책의 제목을 브루너, 유아교육이론의 새 지평으로 정하였다.

그간 우리 한국 유아교육의 큰 흐름은 현장 진단-처방적 접근, 학자 중심의 적용적 접근, 새로운 사조 수용식 접근, 준실험적 접근, 절충적 접근 등이 혼재해 오고 있다. 유아교육 역시 학교교육의 큰 흐름 속에서 교육학의 주요 이론이나 사조에 무관하지 않게 다양하게 얽혀서 성장과 발전을 거듭하고 있는 형국이다. 특히 대학교육 환경이나 연구자의 연구 환경의 변화에 따라 주로 양적 연구의 급증과 무수한 유사 연구와 특정 분석방법이 활용되는 기형적인 현상들이 목도된다. 더 나아가서 특정 시기나 사조에 경도되어 유아교육 이론을 구성하거나 해석하는 준거체제가 단편적이고 그 수준이 그리 깊지 못한 실정이다.

이러한 연구 환경에서 이 책이 지니는 의의는 자못 크다고 할 수 있다. 그 이유는 유아교육의 핵심 주제에 대한 연구사적 흐름과 비교적 타당한 설명체계를 제공해 주기 때문이다. 아래 그 가치를 몇 가지로 정리해 볼 수 있을 것이다.

우선 이 책은 크게 9개 장으로 이루어져 있다. 책 제목에서도 알 수 있듯이 브루너의 교육사상을 소개하고 그 특징을 논의하는 것이므로 그의 일생과 그가 천착하였던 주제들을 중심으로 이루어졌다. 그 주요 주제는 크게 인간 마음과 의미 구성의 문제, 유아 행동 특성의 문제, 언어 문제, 학습 문제, 교수의 문제, 새로운 교육 이론인 내러티브의 문제 등이 그것이다.

제1장에서는 브루너의 출생과 가족의 이력, 청년기와 대학생활, 하버드에서의 석사 시절 등이 소개된다. 출생의 특이점, 아버지와의 관계, 형제자매들과의 관계, 청년기의 방황, 대학생활에서의 여러 인사들과의 조우가 다루어지고 있다.

제2장에서는 브루너가 지각과 마음의 발달 문제를 연구한 내용이 소개된다. 의미와 문화의 관계, 1970년대 옥스퍼드대학 시절, 그리고 그 후 교수학과 교육의 문제에 관심을 쏟은 점, 특히 교육과정에 관심을 갖고 연구하게 된 점 등이 소개되고 있으며, 최근에는 내러티브를 통한 새로운 인간연구 이론을 개척하고 있다는 점이 소개되고 있다.

제3장에서는 의미와 마음의 문제를 소개하고 있다. 도구 사용자로서 인간, 상이한 문화 속에서의 도구와 기능의 습득과 발달, 문화 전

수를 통한 젊은 세대의 교육, 이 과정에서의 피아제와 비고츠키의 영향력 등이 소개되고 있다.

제4장에서는 재기 있고 놀라운 능력을 갖고 태어나는 아기들에 대하여 소개되고 있다. 유아 성정에서 실조의 개념과 보상적 조치 등의 한계가 논의되며, 유아와 세계와의 관계 등이 논의되고 있다. 보상적 프로그램보다는 학습공동체로 나아가야 한다는 점이 소개되며, 유아들의 유능한 성향과 기질에 대한 기대를 잘 설정할 필요가 있다.

제5장에서는 의사소통에서 말하기로 나아가는 문제가 소개된다. 초기 인지 재능, 유아가 말하게 되는 과정을 그리는 언어 학습, 촘스키와의 관계 속에서 다루어지는 LAD, LASS 등이 소개된다. 그리고 유아의 삶에서 일상적 패턴, 게임 등의 중요성이 소개되고 있다.

제6장에서는 이름 부르기와 지시하는 것을 배우는 문제가 소개된다. 지시이론을 이해하고, 지시의 방법으로 사물을 가리키는 것의 문제, 공공 관심과 공동 주의, 공동 의도 등이 언어 학습과 타인과의 상호작용에서 중요한 이유 등이 소개된다.

제7장에서는 요청하고 질문하는 것을 배우는 문제가 소개된다. 이 과정에서 공유된 관심에서 공동 의도로 나아가는 공동 행위의 문제가 논의된다. 여러 요청 중에서 지원적 행위를 위한 요청, 가정과 공동체 소사회에서의 견습생 문제, 질문 제기자, 즉 사건이나 사물, 사람, 활동이나 경험 등에 대하여 지속적으로 질문을 제기하는 능동적 학습자로서의 문제 등이 소개된다. 의미 구성에서 질문을 제기하면서 능동적으로 학습해 가는 아이들의 존재가 다루어진다.

제8장에서는 교육의 장면에서 가르치고 배우는 문제를 교수학의 문제로 접근하고 있다. 브루너는 교수의 문제를 일상 교수학으로 표현하고 있으며, 네 가지 모형을 제안하고 있다. 그리고 학습의 측면을 기본적 시각, 구속주의 입장, 구성주의자 입장, 상호작용적 입장 등으로 정의하고 있다. 이 과정에서 실천공동체의 문제, 교육과정의 문제, 교육에서 고려해야 할 다양한 문제, 나선형 교육과정, 사회적 교수학 등이 소개되고 있으며, 특히 사회적 교육자에 주목할 필요가 있음을 강조하고 있다.

제9장에서는 브루너가 최근에 가장 역점을 두고 있는 것으로 내러티브 문제를 소개하고 있다. 내러티브가 무엇인지, 내러티브가 어떻게 작용하는지, 내러티브의 본질과 그 쓰임새는 무엇인지에 대하여 소개하고 있다. 그리고 법적 스토리와 인류학으로부터의 내러티브, 심층기술의 중요성, 아동의 삶에서 내러티브, 내러티브의 자아 창조 등이 소개된다.

이 책은 현재 많은 문제와 어려움에 처해 있는 한국 교육에 많은 시사점을 던져 준다.

우선 단편적 지식의 일방적 전달보다는 교사와 학생의 상호소통이 중요하다는 것이다. 그 방안으로 일상 교수학의 가치 인식, 의미 구성을 강화하는 수업, 내러티브를 통한 수업의 재창조가 있다. 교실에서의 학습공동체 구성, 실천공동체에 대한 자각과 수업 재구조화 등을 통하여 우리 학생들과의 관계 재설정이 요청된다.

둘째, 유아교육에 대한 새로운 관점이다. 내러티브 인식론, 내러티브 자아 창조의 입장에서 기존 유아교육을 재개념화할 필요가 있다. 내러티브 능력, 준비도에 대한 새 개념, 언어와 사고에 대한 새로운 생각, 스캐폴딩, 일상 교수학을 통하여 유아교육 현장을 새롭게 조망해 볼 필요가 있다.

셋째, 현재 학교교육에서의 많은 문제들, 특히 학습 장애, 폭력 행동, 부적응, 정서 장애 등의 문제 등은 실조나 결핍의 모형으로 접근하기보다는 새로운 방안에 대한 탐구가 요청된다. 학생들이 자기 자신에 대하여 이야기를 만들어 내는 능력, 내가 누구인지, 타인의 마음을 헤아리는 능력, 새로운 사물이나 사건, 활동, 경험 등을 배운다는 것은 무엇인지에 대하여 깊이 고민해 볼 필요가 있다.

넷째, 학교 교육과정과 수업에 대한 새로운 인식이다. 교육과정은 무슨 과목을 얼마나 가르치는가, 새로운 내용을 어떻게 가르칠 것인가 하는 문제가 아니다. 수업은 학생이 모르는 내용을 만능인인 성인 교사가 전달하는 문제가 아니라는 점이다. 그것은 문화 속에서 이루어지는 의미 교섭 및 타인의 마음을 이해, 해석, 설명하는 문제이다. 너무 협소하고 기계적으로 접근해서는 안 되며, 문화 속에서의 의미 구성 속에서 재개념화해야 한다.

이런 점에서 브루너는 우리에게 교육을 새롭게 볼 것을 요청하고 있는 셈이다. 역자는 브루너가 집필한 책 중에서 교육이론의 새로운 지평(1986), 인간 과학의 혁명(1990), 교육의 문화(1996), 이야기 만들기(2002)의 책을 우리말로 옮긴 적이 있다. 석사 학위논문 집필에서부터 현재까지 줄곧 브루너의 교육사상에 관심을 두고 연구해 오고 있다. 그 이유는 그의 사상이 교육의 본질, 한국 교육 문제의 해명, 대안 창조에 중요한 근거를 제공해 줄 것으로 믿기 때문이다. 교육의 문제는 브루너의 소신처럼 지식과 마음, 문화와의 관련을 파악하는 것이 본질이다. 그 핵심에 내러티브가 자리한다. 그 조그마한 출발로 2012년에 「한국내러티브교육학회」를 발족하여 내러티브와 교육의 관계를 탐구하기 위한 연구 소통의 장을 마련하였다. 많은 학인의 관심과 참여를 기대하고 있다.

 이 책을 번역하는 데에 많은 도움을 준 연구실 대학원생들, 특히 조인숙, 오승민, 김홍일 선생님과 그림과 내용을 멋지게 편집해 준 출판사 사장님과 직원 여러분께 감사드린다. 그리고 장수를 하고 있는 브루너의 사상이 한국 교육에 조그마한 빛이 되기를 바라는 마음 간절하며, 번역 내용의 오류에 대하여 독자 여러분의 질정을 바라마지 않는다.

2014년 8월

역자 일동

감사의 글

지적으로 열정적인 브루너가 수십 년간 연구한 광대하고 다양하고 복잡한 연구결과를 한 권의 얇고 이해하기 쉬운 책으로 압축하기 위해 고군분투하면서 이 책을 쓰는 동안의 어려움을 들어 주는 수고를 마다하지 않은 친구들에게 고마움을 전한다. 그리고 예전에도 그랬던 것처럼 이번에도 나를 위해 초고를 세 번이나 꼼꼼히 읽고 특유의 날카로운 통찰로 도움을 준 내 친구 Hazel Abel에게 감사한다. 마지막으로 내 친구이자 형태를 가리지 않는 모든 문학의 애호가, 시인이자 스토리텔러, 교수이자 사상가인 Michael Rosen에게도 감사한다.

소개하는 글

산드라 스미트(Sandra Smidt)는 거의 한 세기에 걸쳐 이어진 연구로 교육 분야에서 중요한 위치를 차지하는 제롬 브루너(Jerome Bruner)의 주요 개념을 통해 독자들을 지적 세계로 안내한다. 이 책에서 그의 폭넓고 획기적인 조기 교수학습에 대한 신념이 일상의 용어를 통해서 설명되고, 그의 아이디어와 20세기와 21세기 다른 사상가들의 아이디어와의 연관성이 드러난다.

이 책은 *Introducing Vygotsky*라는 책의 자매편이다. 브루너의 주요 개념 소개에 이어 그 개념이 교수학습에 미친 영향에 대한 논의가 이루어진다. 이해하기 쉬운 이 책은 어린 시절 실생활 환경에서 가져온 예를 통해 설명되고 있으며, 논의된 개념들은 다음과 같은 것들이다.

- 아이들이 언어를 습득하는 과정과 방법
- 아이들이 내러티브를 통해서 그들의 세계를 이해하게 되는 과정과 방법
- 학습에 있어 놀이의 중요성
- 문화와 맥락의 중요성
- 기억의 역할

- 아이들에게 무엇을 가르쳐야 하는가 — 나선형 교육과정
- 아이들을 어떻게 가르쳐야 하는가 — 스캐폴딩과 상호작용

이 책은 또한 어린아이들을 연구하고 유아교육 및 아동교육에 관심을 두는 사람들이 브루너에게서 무엇을 배울 수 있는지 살펴보는 데 도움이 되는 전문용어와 해설목록을 포함하고 있다. 유아교육에 있어서의 주요 인물의 생애와 연구에 대한 흥미로운 통찰은 아이들의 학습과 발달에 관련된 사람 누구에게나 필수적인 읽을거리가 될 것으로 기대한다.

산드라 스미트는 저술가이며 유아교육 컨설턴트이다. 그녀의 가장 최근 저서로, *Playing to Learn*(2010), *Planning for the Early Years Foundation Stage*(2009), *Key Issues in Early Years Education*, 2nd edn(편저)(2009), *Introducing Vygotsky*(2008), *Supporting Multilingual Learners in the Early Years*(2007), *A Guide to Early Years Practice*, 3rd edn(2007) 등이 있다.

이 책은 *Introducing Vygotsky*(Smidt, 2009)의
자매편으로 어린아이들을 연구하는 사람들
에게 제롬 브루너의 생각과 아이디어를 이
해하는 데 도움을 주기 위해 쓰였다.

브루너는 지난 20세기 초반부터 현재까지
오랜 기간 동안 삶을 살아오면서 그의 사상

제롬 브루너(1915년 생)

과 주안점에 있어 많은 변화를 보였다. 그러
면서 브루너는 심리학뿐만 아니라, 교육학, 인류학, 생물학, 언어학
그리고 다른 학문들의 숙고에 기여해 왔다.

비고츠키에 관한 자매편 책에는 각 장의 마지막에 용어해설이 있
다. 이 책에서도 브루너의 완벽한 용어해설이 책 마지막에 나와 있
다. 이 용어들 중 몇몇은 여러분에게 익숙하지 않을지도 모른다. 그
래서 여러분이 이 책을 읽으면서 새롭고 낯선 용어들을 마주칠 때마
다 용어해설을 참고하기를 권한다.

그리고 이 책은 그의 생애에 관한 것과 브루너가 그의 저서에서 다룬 주요 주제에 관한 것으로 시작하며 그에게 영향을 끼친 많은 사람들의 아이디어도 제공한다. 이어지는 장(章)들은 이 주제를 탐구하는데, 특히 그 주제들이 어떻게 아이들과 양육, 교육과 연관되어 있는가 하는 관점에서 탐구한다. 각 장의 마지막에는 실행 결과에 초점을 맞추는 부분이 있다. 비고츠키의 책에서처럼 모든 장은 그 장을 되짚고 다음 장을 미리 보는 것으로 끝맺는다. 이런 식으로, 앞에서 말한 것을 간단하게 요약하며 다음에 이야기할 것을 제시하고 있다.

제 1 장

제롬 브루너의 시대와 초기 삶

들어가기

처음 시작하는 이 장에서는 먼저 브루너가 살던 시대와 그의 삶에 대해 알고 있는 것부터 살펴보고자 한다. 우리는 그가 현재 98세로 여전히 생존해 있고 자전적 에세이를 포함하여 많은 저술을 남기고 있다는 점에서 그에 대해 꽤 많은 부분을 알고 있다. 길고 성실한 삶을 사는 동안 그는 많은 사람들의 생각에 영향을 끼쳤고 그의 업적은 인류학과 심리학, 사고, 학습, 언어, 문화, 문학, 그리고 교육과정을 연결하는, 주로 인식의 관점, 지각, 그리고 구성주의와 같은 부분에 집중되어 왔다. 비록 삶의 대부분을 그의 고국에서 연구하며 보냈지만 그는 영국 옥스퍼드대학에서 올프슨 칼리지(Wolfson College) 선임연구원과 심리학과 와츠(Watts) 교수직으로 지냈던 9년간의 기간도 즐거워했다. 이곳은 유아기 인지발달에 대한 관심이 융성했던 곳이자 유아교육을 향상시키기 위한 투사로서의 그의 명성이 전개된 곳이기도 하다.

어린 시절

제롬 브루너(Jerome Bruner)는 1915년에 태어나서 뉴욕의 부유한 중산층 가정에서 자라났다. 그의 부모님이신 헤르만(Herman)과 로즈

(Rose)는 폴란드에서 이민 온 분들로서 제롬은 네 자녀 가운데 막내였다. 눈이 보이지 않는 상태로 태어나 2살이 되었을 때 두 차례의 백내장 수술을 받아야만 했다. 비록 그가 초기의 소경 상태가 어떤 방식으로든 영향을 미쳤을 것이라는 점을 인정함에도 불구하고, 그의 경이로운 자서전인 In Search of Mind(Bruner, 1983a)에서는 그 자신이 초기의 장님 상태가 어떤 방식으로든 그에게 큰 장애를 주지 않았다고 기록하고 있다. 백내장 수술의 영향으로 주변시야가 부족하게 된 브루너는 주위를 제대로 보기 위해 머리를 계속 움직여야만 했다. 그러나 브루너는 오히려 "이러다가 대단한 기민한 감각을 갖게 되었다"고 말했다(Bruner, 1983a: 14). 그러면서 브루너는 이를 '슬프니까 우는 게 아니고 우니까 슬퍼진다'는 제임스 랑게(James-Lange)의 말에 빗대어 주위의 삶과 보조를 맞추기 위해 머리를 움직여야 했기 때문에 자신이 더욱 민감하게 되었을 거라고 했다. 이것이 우리가 만나게 되는 브루너의 첫 번째 유머감각이라 할 수 있다.

그의 시력이 회복된 이후에, 그의 가족은 뉴욕에서 다소 멀리 떨어진 교외인 파 락어웨이에 살았다. 그들은 목초 숲이 집 뒤에 펼쳐져 있는 안락한 집에서 살았다. 대가족이어서 그의 부모님 외에도 사이먼 삼촌과 사라 숙모도 함께 살았다. 그다음 나이가 적은 순으로, 그의 누나 민, 배다른 형제인 아돌프, 2명의 사촌이 있었는데 그들은 제롬보다 10살 또는 15살이 많았다. 제롬은 자신보다 2살이 많은 누나 엘리스와 2명의 사촌 마빈과 줄리아의 출생 후에 태어났다. 민이 이미 14살이었을 때 태어난 앨리스는 브루너가 '실수로 태어났다'고 말

했다. 그리고 브루너 자신은 '둘씩 짝 지어 키우는 것이 낫다고 믿는 어머니의 신념 때문에 만들어졌던' 아이였다고 말하며 그 자신을 '바로 이론의 그 아이'라며 농담하곤 했다(Bruner, 1983a: 10).

전통적인 유태인 가정에서 자란 브루너는 유태인으로 산다는 것은 비록 때로 그의 삶에 문제적인 측면이 있을지라도, 항상 '총명한' 존재로서 여겨지는 것이 당연한 것처럼 살아가는 것이라고 말한다 (Bruner, 1983a: 7). 그의 이웃들은 여러 종파였고 그의 가족은 지역의 정통파 유대교 회당에 출석하였으나 그의 아버지는 그곳을 떠나고 얼마 후 개혁운동에 가담하여 좀 더 현대적인 유대교 회당으로 옮겼다.

그의 부모님에 관한 브루너의 기술은 별로 감상적이지 못하다. 그는 그의 아버지를 사업상 출장을 다니며 그의 가족들로부터 종종 떨어져 지내던 다소 거리가 있는 분으로 보았다. 브루너에게 아버지는 다소 모험심 있는 인물로 보였다. 그러나 그는 훌륭한 이야기꾼(그리고 이 사실은 여러분이 이 책을 읽어 가면서 의미 있는 것이 될 것이다)이었으며 강한 원칙론자이기도 했다. 브루너는 이것을 어느 날 그가 아버지를 위해 신문을 사러 갔다가 집에 허스트의 신문 *Journal* 한 부를 집으로 가져왔을 때 일어난 일을 가지고 설명한다. 그의 아버지는 몹시 화가 나서 허스트는 그의 신문을 팔기 위해서는 무슨 일이든 할 수 있는, 심지어 전쟁도 일으킬 수 있는 사악한 사람이라고 말하면서 그를 야단쳤다. 브루너에게 이것은 꾸중이 아니라 좋은 가르침이었다. 브루너의 아버지는 독서가, 음악 애호가, 그리고 이야기꾼, 정치적으로는 보수주의자, 잘난 체하기 좋아하는 사람, 그리고 출세주의자이기도 했다. 그는 아기자기한 것들을 좋아하는 취향을 가지고 있었다. 그래서 그는 복잡한 사람이었으며 그의 막내아들 브루너 역시 여러 가지 면에서 그의 뒤를 이었다.

그의 어머니는 자녀들과의 관계에서 유쾌하고 장난기 있는 모습을 거의 보여 주시지 않는 분이었다. 사람들이 도망가고 집들이 불타는 것을 보면서 폴란드 유태인 거주 지역으로부터 피해 나온 그녀를 생각하면 왜 명랑함이 부족한지를 쉽게 이해할 수 있을 것이다. 그러나 어린 제롬에게 이런 어머니의 성격은 특히 그의 어린 시절에 두드러지게 영향을 미쳤다. 그 시기에 그에게 유태인이라는 것이 무엇을 의미하는지 알아차리도록 만든 첫 번째 사람이 바로 어머니였다. 그는 어머니가 어린 시절 폴란드에서 겪었던 충격적 경험 이외의 어떤 이야기도 하지 않았다고 말한다. 그는 그녀와 아무것도 공유하지 않았으며 그녀도 그와 공유한 것이 없었다. 그리고 그녀는 자녀들에게 애정을 거의 드러내지 않았다. 그녀는 아이들을 칭찬하는 법도 없었다. 브루너는 이것이 그녀의 아이가 스스로를 특별하다고 믿거나, 오만하게 되기를 원치 않는 것과 연결된다고 믿었다. 그녀 자신의 삶의 경험이 이런 것이 위험하다는 것을 보여 준 것 때문일 것이다.

브루너가 6살 정도 되었을 때, 그의 가족은 새로운 동네로 이사를 했고 그는 학교에 갔으며, 형제와 사촌들로부터 떨어져서 친구들과 사귀기 시작했다. 그는 친구들과 함께 걸어서 학교에 갈 수 있었으며, 그의 초기 학교 시절에 대한 회상은 재미있었고, 그가 심리학자, 연구자, 그리고 작가가 되었을 때 그가 열정을 가지고 임할 수 있도록 하는 데 크게 기여했다고 보았다. 그에게 학교는 좀 따분하고 곤혹스럽게 하는 곳이었다. 그는 그가 하도록 요구되는 것을 즐겁게 하고 열심히 하려고 최선을 다했지만 그가 해야 할 것이 무엇인지에 대해 결코 명료하지 않았기 때문에 항상 성공적이지는 못했다. 여러 세대의 아이들의 교육에 영향을 끼쳐 온 학자가 뚜렷한 지적 호기심을 보여 주지 않았다는 점은 아주 흥미롭다. 그의 가족은 학교에 대해 큰 흥미를 나타내지 못했으며, 그의 초기 학교생활 기록에는 그의 학문적인 이력에 대한 가능성이 나타나 있지 않다. 그가 기억하고 있는 유일한 지적 경험은 아동들을 위한 백과사전인 *The Book of Knowledge*를 읽으면서 조우한 광년(光年)이었다. 그는 어떤 별들은 수백만 광년만큼 떨어져 있어 그 별들이 사라진 후 우리에게 보이기까지 수백

만 년 여행한다는 것을 알게 되었다. 이것이 밤하늘을 쳐다볼 때 그
의 눈에 눈물이 나게 할 정도로 놀랄 만한 생각이었다고 했다. 이때
가 11살 때였다.

그의 초기 학교생활에서 그에게 감명을 주었던 한 선생님이 계셨
다. 그녀는 분자와 브라운 운동과 같은 신기한 것들에 대해 이야기해
주었던 오르쿠트 선생님이었다. 이때쯤 브루너의 아버지가 병이 나
셨다. 브루너는 아버지가 더 자주 집에 계시는 것이 좋았을 뿐 아버
지가 암으로 죽어 가고 있다는 것은 알지 못했다. 그의 아버지가 돌
아가시기 전 마지막 몇 달 동안, 브루너는 두 번의 악몽을 꾸었다. 이
것은 이러한 초기 상실의 트라우마가 우리에게 무엇을 말하는지 알
려 주기 위해 기록할 만한 가치가 있다. 그러한 경험들은 어떻게 해

서 이 어린 소년이 해결해야 하는 문제의 관점에서 많은 것들을 인식하는가를 설명해 줄 수 있다. 첫 번째 악몽에서, 어린 제롬은 세상에 있는 모든 사람이 죽는 꿈을 꿨다. 그는 새로운 세대가 나타날 때까지 유일한 생존자였다. 그 꿈에서 나타난 딜레마는 어떻게 그가 이전에 알아 왔던 모든 것에 대해 그들에게 이야기하는 것이 가능할지에 대한 것이었다. 이것이 바로 브루너가 그의 아버지의 소장본이던 *The Book of Knowledge*를 지금까지 가지고 있는 이유를 설명해 준다. 두 번째는 브루너가 길이 없는 황무지에 있는 꿈이었다. 그는 바퀴 달린 탈것을 타고 있었다. 여기에서 그가 해결해야 할 문제는 그가 가야 할 방향을 선택하는 것이었다. 브루너는 '오싹하고 공포를 불러일으키는' 선택이었다고 말한다(Bruner, 1983a: 16).

소위 유년기 마지막 해에 아버지의 죽음에 더해 그는 그의 삶에 심각하고 비극적인 상실에 직면하게 되었다. 그의 누이인 민이 결혼해서 집을 떠났으며, 브루너가 사랑하는 사촌들과 인연을 끊게 되는 가족 간의 큰 불화가 있었다. 이어 몇 달 동안 브루너는 두 번의 혼란스런 꿈을 더 꾸게 되었다. 첫 번째는 그가 보고 있는 가운데 평범한 흰색 계란 박스에 든 계란 하나가 깨지면서 두려움으로 가득 차게 되는 것이었다. 다른 꿈에서는 그의 아버지의 시체를 감춘 곳에 대한 비밀을 간직하게 된다.

그가 나중에 심리학자가 되었을 때 자신의 아버지와의 애증이 엇갈리는 관계를 분석하면서 브루너는 청소년 공산주의자로서 그리고 미성숙한 반(反)파시스트로서의 일련의 가치를 받아들였고 비록 실제적으로는 그의 아버지가 그에게 남겨준 신탁기금을 대학생활 동안 거부한 적이 없음에도 불구하고 돈과 비즈니스의 세계를 경멸했다.

청소년기

그의 아버지의 죽음 이후 브루너의 삶은 잦은 이사와 전학으로 특징 지어진다. 그는 어머니가 남편을 잃고 난 후 활기를 찾은 것처럼 보인다고 생각했다. 놀랍게도 그녀의 의상은 점점 화려하고 밝아졌다. 그러나 그녀는 어느 한 곳에 정착하지 못했으며 이것이 브루너가 4년 동안 여섯 군데의 고등학교를 다니게 된 원인이 되었다. 그는 물가 가까이 사는 것을 좋아했다. 그는 운하와 항구를 답사했으며 낚시를 하고 선외모터가 장착된 보트를 구했다. 그가 중등학교 시절을 '질겁하게 하는 시기'라고 부르는데도 불구하고 그의 학교 성적은 좋았으며 그는 달리기를 포함한 많은 것들을 시도했다. 그러나 그는 그것이 자의식이 형성되는 시기였으며 유태인이라는 것을 부끄러워하던 시기였다고 느꼈다. 그는 어떤 부류에도 속하지 못하는, 혼자 있기를 좋아하는 사람이었다. 그는 소설, 여행서적과 시집 등 폭넓은 독서를 시작했다. 그는 여자 친구들을 만나기 시작했다. 1933년 그는 대학교에 입학하여 듀크대학의 신입생이 되었다. 그는 17살이었으며, 히틀러가 권력을 막 잡았을 때였다. 루즈벨트 대통령이 선출되었고 나라는 대공황의 늪으로 빠져들고 있었다. 브루너의 삶이 막 변화되기 시작할 때였다.

그의 자서전에서 성인기로 접어드는 시기를 설명하는 장에서 그는 아동기 놀이의 역할에 대해 기술하고 있다. 젊은 사람들이나 아이들이 다른 사람 혹은 그들의 그룹이 정해 놓은 역할에 관해 스스로가 모델링을 시작할 때 책임의 종류와 정도가 어떤 방식으로 공동체 내에서 사회화를 통해 생겨나는지에 대해 생각했다.

그가 말한 것을 여기에 정확하게 인용하는 것이 의미가 있다고 생각한다.

나는 아동기의 놀이에 대한 특징적인 것 가운데 하나는 놀이를 하는 아이에게 한편으로 가능성을 탐색할 수 있는 기회를 주면서 동시에 지나치게 놀이에 전념하지 않도록 아이를 보호한다는 것이다. 실제로 많은 사회가 놀이에 대해 아동기에는 매우 허용적이지만 성인기로 넘어갈 때는 졸업해야 하는 것으로 여긴다. 이 시점에서 그 아이는 어떤 것이 가능한가에 대한 엄격한 제한을 가진 남자 혹은 여자가 된다.

(Bruner, 1983a: 20)

브루너는 그의 가족 안에는 어떤 것에 대해 그가 깊이 전념하도록 이끄는 것이 거의 없었다고 느꼈다. 그가 아동기를 벗어났을 때 그는 그가 이해할 수 없는 세계의 한 부분이 되어 있다고 느꼈다. 그의 아버지는 돌아가셨다. 그의 가족은 흩어졌다. 그의 학교 교육은 혼란스러웠다. 그리고 대학에 가는 것은 아동기 이후 그에게 첫 번째 본거지를 제공하는 것처럼 보였다. 바로 이 '본거지(home)'인 대학에서 그는 자신을 깊이 느끼기 시작했고 그 자신이 정치적으로, 지적으로, 학문적으로 전념하는 것을 배웠다.

대학 신입생이 되다

브루너는 듀크대학 신입생이 되었고 입학 첫 몇 달은 사교적으로 보냈고 특정 집단에 소속감을 느끼게 되었고 완벽했다고 말했다. 그는 이것을 '성인 사회로의 대기실에 쉽게 입장하는 것'이라고 말한다 (1983a: 22). 그러나 첫 학기 이후로 여러 가지가 변화하기 시작했으며, 유태인을 받아들이지 않던 어떤 특수한 학생동아리 집단에 들어가는 것을 거부당하면서 그의 삶에서 최초로 그는 반(反)유대주의들과 만나게 되었다. 이때부터 그가 '아주 똑똑한' 학생들로 묘사하는 부류에 합류하게 되었다. 그는 정체성과 공동체 의식을 발전시켰으며 이후의 심층연구를 위한 선택은 심리학이었다. 그는 학부 공부를 마친 후 대학원에 진학했다. 1930년대 후반은 불안감이 커져 가는 사회 분위기와 함께 강력한 정치적, 지적 토론이 모든 곳에서 이루어지게 만드는 시기였다. 이 시기는 뉴딜 정책, 일본의 만주 침략과, 무솔리니가 에티오피아를 공격하던 시기였다. 히틀러는 만반의 준비를 하고 있었고 세계 곳곳의 이런 중요하고 놀랄 만한 사건들에 의한 불안감은 도도하고 고립된 듀크대학에서조차도 명백하게 나타나고 있었다.

브루너는 그 자신의 사상을 깨닫기 시작하고 저항세력이 되었다. 그는 채플(대학 필수과목)시간 참여를 거부하고, 대학신문에 글을 보냈으며, 문제라는 꼬리표가 붙게 되었다. 그것은 그가 좋아한 꼬리표였으며, 오늘날에도 가끔씩 그에게 그 꼬리표를 적용하면 아주 기뻐한다. 그가 선택한 심리학 분야 내에서도 학문적으로 양극화되고, 정치화되는 분위기가 있었다. 그 논쟁은 '학습이 수동적이고 점진적이며 거울(mirror)처럼 모방하는 것인지 아니면 단계적이고 불연속적이고 가설에 의해 움직여지는 것인지'에 대한 것이었다(Bruner, 1983a: 27). 즉 학습은 주로 모방을 통해 지식을 받아들이는 것을 말하는지 아니면 학습자가 답을 얻기 위해 적극적으로 질문을 하는 것과 같은 과정들을 거쳐서 일어나는 것인지 하는 문제이다. 전자인 연속성 관점에 반대하는 사람들은 학습은 인간을 단지 환경의 피조물처럼 보이게 만든다는 입장이다. 그들은 그것이 사실로 확인되든 반박되든지 간에 내적으로 생성된 가설에 의해 학습이 일어난다는 반대되는 관점을 제시했다. 우리는 이 책 전체를 통해 이 문제를 접하게 될 것이다. 이 시기에 그의 친구인 레오나드 브룸(Leonard Broom)의 저술을 통해 인류학자의 저술에 브루너가 소개되었다.

듀크에서 지낸 마지막 해인 1938년은 격렬했던 스페인 내전(스페인 시민전쟁, 1936~1939)이 점차 끝나 가던 시기였다. 브루너는 마르크스주의자들의 연구모임의 일원이 되어 달라는 부탁을 받고, 실제로 잠시 동안 공산당 세포의 한 일원으로서 역할을 했다. 그 후 많은 생각과 고민 끝에 하버드로 옮겨 갔다.

하버드로 가다

브루너는 하버드에서 시작하기 전 여름을 독서에 전념해서 하버드에 도착했을 때 비록 그 분야에서 그의 미래 연구가 무엇이 될지는 확실히 몰랐지만 '심리학으로 충만한' 상태였다(Bruner, 1983a: 32). 그때 하버드의 심리학과 교수진들 사이에서 두드러진 분야는 감각을 연구하는 분야로서 이러한 감각들이 외부의 물리적인 에너지와 자극에 어떻게 반응하는지를 다루는 정신물리학(psychophysics)이었다. 브루너는 이에 대해 반기를 들고 나중에 레오 포스트만(Leo Postman)과 함께 지각(perception)에 과한 혁명적인 이론인 'New Look'을 밝혀내는 일련의 실험에 착수했다. 이것은 지각이 단순히 즉각적으로 발생하는 어떤 것이 아니라 선택과 통합이라는 정보처리 과정을 거치는 것임을 밝혀 주는 것이었다. 이는 어떻게 사람들이 자극에 대해 단순히 반응하는 수준을 넘어서서 세계를 보고 해석하는지를 강조하는 심리학 관점이다. 그것은 학습자를 수동적 존재가 아니라 적극적 존재로 보고 지각과 학습에 대해 좀 더 구성주의자적인 관점을 취한다. 이것은 이 책 전체를 통해 나타나는 것처럼, 그의 업적에 대한 분석에서 중요한 부분이다.

그가 하버드에서 보낸 시간은 결실이 있었다. 그는 사부–연구생(master-student) 관계(아마 학문적인 사제지간)의 교수 스타일이 매력적이라는 것을 발견했고 그의 평생에 연구 동료가 되는 대학원생들을 만나게 되었다. 브루너는 그가 실험심리학에 관심이 있음을 알게 되었으며, 기억, 지각, 학습, 동기, 신경심리, 그리고 동물 행동과 같은 그의 사고와 연구에서 주요 주제가 된 많은 것들을 다루기를 매우 좋아했다. 그는 대학원 학생들이 한 주제에 대해 발표한 후 난상토론이 이어지는 세미나를 즐겼다. 여러분은 무엇을 학습하느냐뿐만 아니라 어떻게 학습하느냐에 관한 그의 인식이 어떻게 그의 사고의 핵심적인 부분이 되었는지를 알 수 있을 것이다.

이 모든 것은 유럽에서 멀리 떨어진 사건들을 배경으로 일어난 것이다. 브루너는 자신을 미국이 유럽을 지지하며 고립으로부터 탈피하기를 원하는 좌파이자 간섭주의자로 묘사했다. 그는 히틀러에 대한 본능적이고 평생 동안의 증오심이 있었다. 그의 석사학위 논문을 써야 할 단계에 이르렀을 때 그는 호전적인 국가들의 전시 선전방송의 본질을 그의 논문 주제로 선택할 정도로 전쟁에 깊이 관여했다. 그는 전쟁의 기운이 일어나던 무렵인 1939년 여름에 유럽을 방문했으며, 이때 그의 첫 번째 아내인 캐서린(Katherine)을 만나서 결혼했다.

전쟁의 시기

브루너는 처음에 워싱턴에 있는 외국 방송 감독 서비스(Foreign Broadcast Monitoring Service) 기관에서 근무했으며, 거기에서 그는 미국이 전시 상태에 있지 않았으나 '적'의 방송을 감시하는 일을 했다. 나중에 그는 프린스턴에 있는 공영 여론 조사국(Office of Public Opinion Research)의 부원장 제안을 받고 이를 받아들여 그의 아내와 어린 아들 휘틀리(Whitley)와 함께 옮겨 갔다. 이때가 그가 로버트 오펜하이머(Robert Oppenheimer)를 처음으로 만난 시기였으며, 그때 오펜하이머가 어떤 일에 종사하는지에 대해서도 알지 못한 채 그의 뛰어난 지성에 매료되었다. 그러나 심리학에 대한 애정과 물리 철학에 대한 애정의 유대는 오래고 굳센 우정의 토대가 되었다. 브루너는 가만히 있지 못하고 유럽에서 일어나는 일에 더욱 직접적으로 참여하기 위해 처음에는 런던으로 갔다가, 다시 프랑스로 가서 전쟁 정보 사무국(Office of War Information)에서 일했다. 나중에 '프랑스 대학 세계와 함께하는 문화적 관계'로 불리게 된 프로젝트를 맡게 되었다. 이 일을 하는 동안 그는 그 시대의 위대한 사상가들과 만나고 우정을 나눌 특권을 가진 위치에 있었다. 그때 만난 사상가들 가운데 한 명이 바로 전후 프랑스의 문화적ㆍ지적 장(場)을 주도하게 되는 사르트르였다. 파리의 화려한 환경과 유명한 사상가와 예술가들과의 접촉에도 불구하고, 결국 그는 대학생활을 그리워했고 그래서 그가 향후 27년간을 보낸 매사추세츠의 캠브리지로 돌아가게 되었다. 여기에서 그의 딸이 태어났고 그의 아이들이 자라났으며, 학교에 가고 독립적인 삶을 살기 위해 떠날 때까지 살았다. 그의 아들 휘틀리는 브루너가 말하는 '친아랍파 외교관'이 되었고 그의 딸 제인(Jane)은 사진작가가 되었다.

나가기 : 되돌아보기, 미리 보기

이 장에서는 브루너의 아동기와 제2차 세계대전이 끝나는 시점까지인 그의 초기 삶에 대해 살펴보았다. 그의 유년기에 일어난 초기 시력 상실과 아버지의 죽음의 영향에 대해서 그리고 결국 미국까지 끌어들인 유럽에서의 전쟁의 영향에 대해 배웠다. 다음 장에서 우리는 전쟁 이후 그의 사고에 영향을 미친 사람들에 특별히 관심을 가지면서 전후의 그의 연구 업적에 관심을 기울일 것이다. 우리는 어린 학생에서 성숙한 인간으로 관심을 이동할 것이다.

제 2 장

제롬 브루너가 마음을 탐구한 시기

들어가기

이 장에서는 브루너의 전문적인 연구생활에서 핵심이 되는 주제에 대해 간략하게 살펴보고 그 과정에서 그에게 영향을 미친 사람들에게도 관심을 가져 보고자 한다. 이 장은 책 전체의 배경이 되는 장이며 독자들에게 다음에 이어지는 장들에서 더욱 상세하게 설명하는 것들에 대한 부분적인 정보를 제공해 준다. 제목 자체로 보면 그가 단순히 자서전 그 이상을 원했음을 알 수 있는 *In Search of Mind*라는 그의 자전적 에세이에서 그는 차라리 자신의 정신발달에 관한 역사를 저술하기로 마음먹었다. 그는 다음과 같이 설명한다.

세상에는 개인적 삶이나 마음의 세계로 들어갈 때 사물이 달라지는 그러한 방식이 존재한다. 당신은 '지성인'으로서 다른 사람에 의해 대본이 미리 잘 쓰인 드라마, 즉 당신이 세상에 입문하기 전 이미 수 세기 동안 지속되어 온 드라마가 진행되는 무대로 걸어들어간다는 것을 발견한다. 당신 자신의 의도나 사고는 오랫동안 그 자체의 실재를 가지고 있던 사고, 이슈, 그리고 기관과 연관된다. 칼 포퍼는 아이디어와 패러다임, 그리고 진리가 그들의 기원에서 독립적으로 존재하는 이러한 세계를 3차원의 세계, '객관적 지식'의 세계라 부른다.

(Bruner, 1983a: 56)

우리의 사고와 학습, 그리고 우리의 작업들은 다른 사람들에 의해 영향을 받게 된다. 브루너는 심리학자로서 지각과 학습에 관해 연구하던 초기에 그리고 나중 연구에서, 그에게 영향을 미쳤던 사람들에 대해 기록했다. 우리는 이미 전쟁에서 그가 만났던 철학자들, 예술가들, 작가들 그리고 정치가들과 같은 이질적인 사람들을 통해 그가 어떻게 영향을 받았는지에 대해 살펴보았다.

지각과 정신(마음)발달

지각은 오늘날 자주 사용되는 용어는 아니지만 브루너가 심리학자로서 그의 연구를 시작했을 당시에는 지각에 대한 생각에 관심을 가진 이가 많았다. 브루너는 세계(그리고 그 안에 있는 모든 것)는 '당신이 단순히 그냥 보는 그것이 아니라 당신의 사고와 관련되어서 그리고 맥락 내에서 당신이 보게 되는 그것'이라고 말했다. 그래서 사물은 여러분이 어떻게 느끼고, 누구와 함께 있으며, 방금 무엇을 했는지, 무엇에 대해 생각하는지 등등에 따라서 다르게 보일 수 있는 것이다. 여러분이 햇볕이 드는 날 커튼을 열었을 때 세상을 보는 관점과 어둡고 비가 오는 날 세상을 보는 관점이 얼마나 다른지에 대해 한번 생각해 보라.

지각, 마음 그리고 학습은 서로 연관되어 있다. 레오 포스트만은 1940년대에서 1950년대까지 10년에 걸쳐 브루너와 함께했던 동료이자 친구였다. 그들은 지각에 관한 아이디어를 함께 나누고, 공동으로 연구와 논문을 저술하였다. 이 가운데 가장 유명한 브루너-포스트만의 연구는 '레드 스페이드(red spade) 실험'으로 알려진 것이다. 그들은 사람들이 자신들의 기대에 의해 자신들이 보는 것에 반응한다는 지각의 한 측면을 보는 것에 대해 착수했다. 카드놀이 팩에서 스페이드는 항상 검은색이다. 카드놀이 경험을 통해 사람들은 스페이드는 항상 검은색이라고 기대하고 하트는 항상 붉은색이라 기대한다. 사람들이 세상에 있는 부조화와 이상 현상에 어떻게 대처하는지 살펴보기 위해 브루너와 포스트만은 정상적인 카드처럼 보이나 색깔이 바뀐 카드를 가지고 연구를 실시했다. 그 전제는 한 세트의 색깔을 바꾸는 것이 카드를 보는 사람들에게 어떤 관심을 불러일으킬 것이라는 것이다. 순간노출기를 사용하여 결과를 측정했다. 순간노출기는 구체적인 시간 동안 하나의 이미지를 나타내 보여 주는 기계이다. 이것은 일반적으로 이미지를 스크린에 투영하는 방식으로 이루어진다. 순간노출기는 카메라의 기계적인 셔터 시스템을 갖춘 슬라이드 영사기나 OHP를 사용한다. 슬라이드가 설치되면, 셔터는 열리고 초점을 맞춘 뒤 가지런하게 정렬된다. 그런 다음 셔터가 닫힌다. 실험이 시작할 준비가 되었을 때, 셔터의 속도는 선정되고 셔터는 정상적으로 작동된다.

연구 대상자가 순간노출기 앞에 앉아 있으면 그들에게 정상적인 카드와 잘못된 카드를 각각 한 번씩 보여 주게 되는데 그 대상자가 인식하고 이름을 말할 때까지 노출시킨다. 그 결과는 놀랄 만한 것이었다.

그들은 보는 사람들이 변칙적인 카드들을 확인하기 위해 시간을 더 필요로 한다는 것을 보여 줬다. 놀랍지 않게도, 예를 들자면 그들이 일단 빨간 스페이드의 카드를 보고 나면 더 망설였고 보통의 카드들을 확인하는 데에 시간이 더 걸렸다. 그들이 기대했던 것과 다른 것을 보았을 때 그들의 기대치를 조정해야 하는 것과 같았다. 브루너와 포스트만에게는 지각은 그저 알아본다는 것보다 더 많은 것을 수반한다(관여된다)는 의미가 됐다. 그것은 이것이 무엇일 것이라고 고려하는 것을 요구한다. 그들에게 이것은 인지과학(cognitive science)이라고 알려지게 되는 영역이 출발하는 시작점이었다.

브루너에게 영향을 준 또 다른 사람은 1951년 버클리대학에서 캠브리지대학으로 온 에드워드 톨만(Edward Tolman)이었다. 그의 학습이론에 대한 접근방식이 브루너의 관심을 끌었다. 앞서 말한 것과 같이 당시의 우세한 학습이론은 소극적이고 수동적인 학습자에 대한 이론이었고 반복되는 자극 또는 투입(input)에 의존하고 눈에 보이는, 인지된 성공이 보상되는 이론이었다. 이것은 학습을 설명할 때 '조건 반사'에 대해 얘기한 파블로프의 연구와 관련이 있다. 동물들에게 실험해 본 결과로 파블로프는 이전에 먹이가 있을 때 침을 흘렸던 동물이 먹이가 연상되는 버저가 울릴 때 침을 흘리기 시작했고 이 학습된 조건 반사(부저에 침 흘리는 것)가 먹이가 있을 때 침을 흘리는 단순 반사로 대체해야 한다는 결론을 내렸다. 하지만 톨만에게 학습은 이보다 더 복잡했다. 즉 학습은 어떤 사람의 환경에 대한 지식의 변화와 관련되고 소위 내면에 간직된 인지지도(cognitive map)에 의해 표현되었다. 실험용 쥐와 미로를 가지고 연구했지만 더 인지적이고 목적이 분명한 접근 방식을 작동시켜 학습 비교의 인지지도를 구성하는 것을 가능하게 했다. 그리하여 그에게는 학습이 단순한 자극-반응 행동이 아니고 학습자가 일종의 정신적 지도를 적극적으로 구성하는 것과 관련된 어떤 현상이었다.

1955년에 콜로라도 주의 볼더라는 도시에서 열린 심포지엄이 끝난 후 그는 헤이더(Heider)와 페스팅거(Festinger)의 논문 발표를 들은 후 'Going Beyond the Information Given(주어진 정보들을 뛰어넘어서)'이라는 중요한 논문을 발표했다. 그것으로써 그는 인류를 합리적인 존재, 사고 주체, 문제 해결자로 생각하고, 식별·선택·분류·배열·조직하는 능력을 가졌다고 생각하기 시작했다. 이것이 본질적으로 인지과학이라는 학문이다.

의미와 문화

브루너에게 의미(meaning)는 언제나 마음과 인지에 대한 수많은 탐구들 중에서 가장 핵심을 차지하였다. 우리가 의미에 대해서 말할 때 우리는 어떤 것을 이해하는 것에 대해 말한다. 서양의 심리학자들에게 브루너를 독창적이고 특별하게 만든 것은 바로 브루너가 의미는 우리가 물려받은 생물학적인 필요에 의해서도 아니고 서로 개인의 사고에 의해서도 결정되는 것이 아니라는 것을 인식했다는 것이다. 오히려 문화의 맥락 안에서 의미를 적극적으로 탐색하고 찾음으로써 발생한다는 점을 규명했다는 것이다. 이것은 매우 중요한 요점이어서 맥락과 문화라는 단어에 대해 잠시 정의하고 넘어가겠다.

- 여기서 쓰인 맥락이라는 단어는 'where'라는 단어가 단지 장소만을 지칭하지 않고 누구와 함께, 어떤 상황에서, 어떤 방식으로 등의 뜻도 포함해서 광범위하게 쓰이는 데서 알 수 있듯이 어떤 것이 일어난다는 것을 의미한다.
- 여기서 쓰인 문화라는 단어는 집단이 그들에게 중요한 것을 전수해 주는 데 쓰이는 모든 방식을 뜻한다 — 행동 양식, 규범, 언어, 예술, 미술공예, 의식, 신념, 가치관, 원칙, 구조와 제도.

우리는 우리가 세계와 사물과 사람을 이해하고 해석하고 설명하고자 의미를 만든다. 우리 각자는 한 세계에 살지만 한 세계 안에도 많은 문화가 공존하고 우리는 주로 한 문화에서 산다. 우리가 세계를 이해하고자 할 경우에 우리는 우리 자신의 문화적 세계를 이해하고자 노력하는 것이며, 우리가 세계를 이해할 수 있도록 우리의 문화가 만들어 내는 것(문화적 도구)을 이용한다고 볼 수 있다.

이 모든 것은 브루너로 하여금 다른 분야의 학문 — 특히 인류학과 그리고 다른 해석적 사회과학 — 들과 인연을 맺게 해 주었다. 해석적 사회과학(interpretive social science)은 눈에 보이는 것과 귀에 들리는 것에 대해 이해하고 설명하고자 하는 것이다. 이것은 단순한 서술과 기술을 넘어선다. 그가 학제간 사고를 하는 데 중요한 영향을 끼친 사람은 방을 함께 쓴 친구인 젊은 인류학자 레오나드 브룸(Leonard

Broom)이었다. 그 당시에 브룸은 프로이트의 이론에 대해 상당한 관심을 두었고 그 이론을 비평하고자 했다. 또한 브루너 역시 프로이트 업적의 어떤 측면에 관심이 생겼다. 그의 삶에서 나중에 그는 어린 시절 비극적이고 가족 안에서의 극적인 일들이 성격발달의 원인이 된다는 프로이트의 생각에 대해 흥미를 가지게 되었다. 그러나 대체로 그는 프로이트에 대해 비판적이었다.

피아제와 비고츠키의 연구가 브루너로 하여금 마음에 대한 흥미를 넓혀 주었고 발달에서 문화와 맥락의 필수적인 역할에 대해 알도록 했다. 피아제의 접근 방식은 아이가 문제를 풀거나 어떤 것을 설명하고자 하는 방식, 즉 논리성의 발달에 대한 집중이었다. 브루너는 피아제 연구의 어떤 측면에는 동의했지만 많은 점에서 동의하지 않았다. 하지만 피아제를 위대한 개척자 중 한 명으로 생각해야 한다고 느꼈다. 1940년대 후반에 처음 비고츠키를 접했을 때 그에게 더욱 다가갔고 그의 이론이 더욱더 와 닿았다. 그는 비고츠키를 탁월하고 열정적이고 주목하지 않을 수 없는 존재로 생각했다. 정신(마음)발달에 있어서 맥락과 문화의 역할은 무시될 수 없다는 비고츠키의 주장에 대해서 특히 그러했다.

옥스퍼드에서의 몇 년

1966년까지 브루너의 관심은 마음의 발달에 대해 더 잘 이해하기 위해 초기 유아기로 돌려지게 되었다. 그는 1950년대 후반에 처음 알려지기 시작한 노암 촘스키의 업적에 의지했다. 촘스키는 스키너가 발표한 언어 습득과 학습에 대한 기계론적인 관점을 비판했고 유아들이 언어를 처리하는 능력을 가지고 태어나는 가능성을 고려했다. 브루너에게 그 당시 촘스키의 업적에서 언어가 과거의 경험을 통해서 처리되는 것이 아니라 마음과 뇌의 활동적이고도 적극적인 특성을 통해서 처리된다는 관점은 대단히 흥미로웠다. 그것이 인간 유아를 유능한 존재로서 인식하기 시작한 시점이었다.

1970년에 브루너는 옥스퍼드대학교로 초빙되었다. 이것은 그에게 꿈의 기회였다. 너무나 유명해서 이름만 들어도 연구와 진지한 학문의 이미지를 불러일으키는 그 대학에서 생활하고 연구하는 것. 브루너는 옥스퍼드대학교를 이렇게 묘사했다. "그곳은 긴장되게 엄격하고, 진지하고… 비판적이고, 위계적이며 힘든 곳이다. 그곳은 당신의 업적을 엄격히 평가한다…. 순수와 지적인 완전무결, 그것들이 이상적인 가치였다"(Bruner, 1983a: 253, 255). 그는 그곳에서의 경험으로 인해 그의 저술에 추가적인 관점을 가지게 되었는데 특히 유아들이 언어를 어떻게 습득하고 사용하는지에 대한 흥미를 가지게 되었다.

브루너는 연구 그룹을 형성했는데 이 그룹은 훌륭하고 획기적인 연구원들과 사상가들을 포함하고 있었고 몇몇은 누구나 아는 이름들이었다. 그들 중에 하누스 파푸제크(Hanus Papousek)는 체코슬로바키아를 떠나서 옥스퍼드대학교의 브루너의 연구 그룹에 합류했다. 그는 엄마-유아의 상호작용에 대해 광범위하게 연구했다. 또 콜린 트리바텐(Colwyn Trevarthen)이 이 그룹에 참여했는데 그는 지각의 측면 중에서도 세부사항과 맥락에 초점을 두고 연구하고 있었다. 그리고 베리 브레즐튼(Berry Brazelton)은 엄마-유아 간 상호작용의 초기 발달과 유아들의 무생물체에 대한 반응의 차이점에 대해 집중적으로 연구했다. 그리고 로저 브라운(Roger Brown)은 첫언어(first language)에 대해, 즉 초기 말의 몇 안 되는 의미를 연구했다. 이 옥스퍼드 연구 그룹의 초점은 전언어적(prelinguistic) 능력에서 언어 능력으로의 전이였다.

그때쯤에 촘스키의 언어 습득 장치(Language Acquisition Device, LAD)는 이전의 학습 그리고 다른 사람들과의 의사소통의 필요성에 대한 주목이 부족했기 때문에 인기가 줄어들었다. 다시 말해서 사회적인 요소를 크게 무시했다. 어떤 이들은 너무 기계론적이라고 보았고 브루너는 언어의 목적과 사용에 대한 사항들에 더 유의해야 한다고 보았다. 이에 대응하여 그는 언어 습득 보조 장치(Language Acquisition Support System, LASS)를 개발했다.

교수(학), 교육 그리고 교육과정

언제나 남들의 행복에 대해 관심이 많은 정치적인 사람으로서 브루너는 아이들이 공식적으로 학교에 입학하면서 일어나는 일들을 관찰하는 데 관심을 가지게 되었다. 전쟁이 끝난 후, 미국 내 학교들에서 수학과 과학의 교수 방법에 대한 관심이 급속히 전개되었고 이 과정에서 실제로 실패한 아이들과 실패로 지각된 아이들이 뚜렷하게 증가하고 있었다. 학습 실패를 하고 있는 아이들은 대부분 가난했고 흑인들이었다. 브루너는 가난이 '발견되었다'고 표현했다. 이 현상의 결과물은 가난한 아이들의 삶에서 누락되었다고 보이는 것들을 보상하고자 하는 시도였고 그 결과로 헤드 스타트(Head Start) 프로그램이 시작되었다. 브루너는 아프리카를 여행하기 시작했고 문화의 중요성에 대해 더욱 깊이 생각해 보았다. 그리고 문화가 학습 상황에서 아이들의 행동에 어떠한 영향을 끼치는지에 대해 생각해 보았다. 그때 마음(mind)의 작용에서 언어와 문화의 필수적인 역할에 대해 확신하는 비고츠키의 동료 루리아(Luria)를 만났다. 브루너는 그의 생각을 1996년에 쓴 교육의 문화(*The Culture of Education*)라는 책에서 요약했다. 이 책에서 기본적으로 뒷받침되는 주장은 바로 마음이 최고의 가능성과 최상의 상태에 이르게 하는 방법은 문화에 참여하는 것이라는 점이다. 그리고 문화에 참여한다는 것은 가장 형식적이고 공식적인 의미에서의 과학과 예술 그 이상에 관여하는 것이며 거기에서 생각하기, 지각하기, 느끼기, 그리고 대화와 담화를 펼치는 것을 포함하는 것이다. 책에서 그는 나선형 교육과정에 대해서도 언급하는데, 이는 이 책의 뒷부분에서 다룰 것이다.

내러티브 : 이야기 만들기

그의 삶의 후반부에서 브루너는 인간의 경험과 행위를 중재하는 데 있어 내러티브(혹은 스토리 만들기, narrative)의 역할에 집중하게 되었다. 그는 내러티브를 지속적인 방법으로 의미구성하고(이해하고), 행위를 구조화하고, 자아정체성을 세우기 위한 하나의 추론(사고)의 한 방식으로, 언어의 한 형식으로 그리고 문화적 도구(여기에서 비고츠키를 인용함)로 보았다. 어떤 저자들은 그가 내러티브적으로 실재가 구성된다고 주장한다는 점에서 문화와 마음에 대한 내러티브적 관점을 발달시키고 있다고 말한다. 이러한 그의 주장들은 복잡해서 다음 장들에서 더 세부적으로 다루고자 한다. 그의 생각은 주로 인류학과 클로드 레비 스트로스(Claude Lévi-Strauss)와 클리포드 기어츠(Clifford Geertz)의 중요한 연구의 영향을 받았다.

나가기 : 되돌아보기, 미리 보기

이 장에서는 그가 만났거나 함께 일한 몇몇의 사람, 그리고 그의 생각, 연구와 글에 영향을 준 사람들을 통하여 브루너의 업적에서 그가 주장하는 몇 가지 주요 주제들을 검토해 보기 시작했다. 이 장의 내용들은 앞으로의 장들에서 다뤄질 복잡한 내용들의 맛보기임을 알 수 있다. 이제 좀 더 세부적으로 그의 주장들을 살펴볼 텐데 마음과 의미에 대한 브루너의 생각에서부터 시작하겠다.

제 3 장

마음과 의미

들어가기

이 장은 브루너의 핵심 사상의 일부를 깊이 있게 고찰하는 첫 번째 장이다. 아동들이 어떻게 그들의 세계와 사물, 그리고 그 세계 속에 있는 사람들에 대해 이해할 수 있게 되는지에 대해 그가 쓴 것을 살펴보는 것으로 시작하고자 한다. 브루너는 이를 마음의 발달(development of mind)이라고 부른다. 우리는 그것을 인지 혹은 사고의 발달이라고 부를 수도 있을 것이다. 그의 초기 업적은 그의 사고가 오랜 시간에 걸쳐 어떻게 발전해 왔는지 이해하는 데 중요한 역할을 하기 때문에 그의 사고에 영향을 미친 연구에 지속적으로 관심을 기울이고자 한다. 1960년대의 저술에서, 브루너는 인간이 다른 포유동물과 구별되는 두 가지 결정적인 요소를 살펴봄으로써 마음 혹은 지능이 어떻게 발달하는지에 대한 그의 생각을 펼쳐 보이기 시작했다. 이 과정에서 그는 도구의 발달과 중요성에 주목한 것이다.

두 다리로 서다 : 도구 사용자 되기

그의 논문 '마음의 성장(The Growth of Mind)'(1966b)에서 브루너는 인류가 다른 동물들과 구별되는 것은 인류가 직립 보행함으로써 양손을 다른 목적 ─ 특히 손으로 만들고 도구를 사용하는 것 ─ 을 위해 사용할 수 있다는 점이라고 진술하고 있다. 인지발달에서 언어의 발달과 함께 가장 중요하게 작용한 것은 바로 도구의 사용이었다. 브루너는 생리학적으로 인간은 다른 동물에 비해 큰 뇌, 작은 턱, 그리고 덜 날카로운 이를 가지도록 진화해 왔다는 점을 지적했다. 인류가 다른 사람들과 집단을 형성한 이후, 인류가 결국 차지한 생태적 지위는 이러한 특징들로부터 출현했다. 처음에는 도구를 만드는 것이 지배적이었지만, 그것은 인간이 일련의 행동의 계열로 만든 도구에 맞추려고 미리 프로그래밍된 것처럼 보인다. 어떻게 이러한 것이 일어났는지에 대해 살펴보도록 하자.

- 인간은 표시를 하기 위해 날카로운 도구 — 조약돌 — 를 개발해서 사용했다. 그래서 인간은 납작한 면에 표시를 할 수 있었다.
- 만약 인간이 그 표시의 색깔을 다양하게 하기를 원했다면 탄 나뭇가지를 사용하거나 진흙을 물과 섞었을지도 모른다.
- 인간이 사냥을 하거나 생물을 죽여야 하는 경우 끝부분에 활과 화살, 끝에 갈고리가 있는 줄, 그물 등을 만들었다.

일단 인간이 일정 기간 동안 집단으로 정착해 살면서부터 인간이 만든 도구들은 점점 더 복잡해졌으며, 새로운 도구가 필요할 때 개인은 이것을 만들기 위해 이미 존재하는 도구들의 본(template)을 사용했다. 새로운 도구를 사용하기 위해서 기존의 기술이 확장될 필요가 있었다. 그래서 인간은 도구를 만드는 것뿐 아니라 그 도구들을 효과적으로 사용하기 위해 요구되는 기술을 개발하고 정련화하는 것도 필요로 했다. 정착해서 집단을 이루어 살아가던 사람들은 그들의 도구와 기술을 함께 공유했다. 그들은 문화를 공유했으며 그들의 도구와 기술, 지식을 한 세대에서 다음 세대로 전수하기 시작했다. 이것이 바로 문화전승(cultural transmission)의 탄생인 것이다.

브루너에 의해 주목된 인간 발달의 또 다른 특성은 인간 영아는 출생 시 신체적으로나 뇌 발달 측면 모두에서 미성숙하게 태어난다는 점이다. 인간 영아가 신체적 성숙을 이루는 데 걸리는 기간은 다른 종에 비해 상당히 오래이며, 이것은 전승되어야 할 필수적인 기능들을 배우는 데도 훨씬 더 긴 시간이 걸리게 만드는 이유이다.

다른 문화, 다른 도구, 다른 기술

이제 우리는 혹자들이 염려하는 브루너의 생각과 연구에 대해 살펴보고자 한다. 이것은 그가 이야기하는 '문명화'가 어떤 사회는 다른 사회보다 덜 발달되거나 덜 문명화되었다는 것으로 이야기되는 것 같아 보이기 때문이다. 그의 발견은 흥미롭고 읽을 가치가 있는 것이다. 그리고 여러분은 이에 대해 불편함을 느낄 경우 거부할 수 있다. 그 자신도 이 연구와 관련해 사람들의 예민함에 대해 인식하고 있다는 점을 말해 두어야 할 것 같다. 그가 '인류의 조상'(혹은 개코원숭이)이라 부르는 것과 인간 사이에 이루어지는 진화를 추적하고자 그는 아프리카의 칼라하리 사막에 살고 있는 수렵 채집인의 영아들의

도구를 사용하여 생존하는 인간

모습을 담은 필름을 사용했다. 그 !Kung 부락은 산(San) 족의 일부분으로서 분명히 기술이나 문어(written language) 없이 살지만 여전히 사회적 집단을 형성하고 살고 있으며, 언어를 사용하고 도구를 개발하여 사용하며 의식에 참여하고 있다.

마음의 발달을 연구할 때 브루너는 한 지역 내에 사회적 집단을 이루고 살아가는 개코원숭이들이 다른 성(gender) 역할을 나타내고 있다는 점에 주목했다. 다 큰 수컷 개코원숭이는 예상되는 지배/보호 패턴으로 불리는 특성을 나타냈으며 포식자에 대항하는 합동작전에 참여함으로써 암컷과 새끼를 보호했다. 브루너가 관심을 집중한 것은 새끼 개코원숭이들이 함께 놀이하는 과정에서 수컷과 암컷 역할을 연습하는 징후를 발견했다는 점이다. 놀이는 성인기가 되어 지배적인 수컷의 행동이나 새끼를 보호하는 암컷의 행동으로 나타나는 행동을 자발적으로 표현하고 협력적 행동을 연습할 수 있는 기회를 제공해 주는 것으로 보였다. 이러한 놀이에 다 큰 개코원숭이가 함께 참여했다는 증거가 없다는 점은 명백하다. 뿐만 아니라 어떤 개코원숭이도 다 큰 개코원숭이의 일련의 행동을 직접적으로 모방하거나 사물을 가지고 놀이하는 경우가 없었다. 그래서 브루너는 개코원숭이들이 놀이를 어른 역할을 준비하기 위한 것으로 사용했다는 점을 제시했다. 그에게는 이러한 놀이가 마음이나 인지/사고의 발달과 연결된다는 증거가 거의 없었다.

그래서 그는 수렵 채집인 집단에 살고 있는 영아들의 행동을 조사했다. 그들은 대조적으로 성인과 아동 혹은 성인과 청소년 혹은 청소년과 아동 간의 끊임없는 상호작용이 이루어지는 공동체를 이루고 살았다. 그들은 함께 놀이하고 노래 부르고 춤 추었으며 다 같이 앉아서 먹고, 함께 가벼운 사냥 여행을 떠났으며, 노래 부르며 이야기하기를 즐겼다. 종종 아이들은 첫 번째 삭발식, 첫 번째 사슴 사냥, 남자아이들을 위한 난절법 과정, 아동기에서 성인기로 가는 의식 절차인 할례 등을 구경하거나 거기에 참여했다. 아동들은 놀이를 했으며 그들의 놀이는 그 사회의 성인 세계에서 사용하는 언어, 무기, 도구, 기기, 의식 절차를 모방하는 것이었다. 비록 그 필름에는 그들이 말을 사용해서 가르치는 어떤 장면도 없었지만, 관찰, 모방, 참여와 상호작용을 통해 학습하고 있었다는 점이 명백하게 나타났다. 우리가 훈육이나 가르침(instruction)이라고 부를 수 있는 어떤 것이 있었다면 그것은 보여 주기 혹은 모델링하기를 통해 이루어지고 있다. 아이들은 성인의 역할과 감정을 적용해 보고 시도해 보기 위해서 놀이 자체를 사용하는 놀이를 통하는 경우를 제외하고는 어떤 것도 연습하거나 반복하는 것으로 보이지 않았다. 그래서 아이들이 사냥을 하거나 두목 행세하기, 아이 돌보기, 집을 만들거나 지키는 놀이를 하는 예가 많이 보인다. 브루너는 말한다. "결국, 문화 속에서 살아가는 모든 남성은 남성으로서 어떻게 삶을 살아가야 하는지, 모든 여성은 여성으로서 어떻게 삶을 살아가야 하는지에 대해 배워야 하는 것들이 있음을 알게 된다—기술, 관례와 미신, 의무와 권리"(Bruner, 1966b: 6).

브루너는 어린 아동들의 가르침에 있어 명백한 변화를 찾아볼 수 있는 더욱 복잡한 사회에 관심을 돌리게 되었다. 그 이유는 부분적으로 그러한 사회가 한 개인이나 한 집단이 가진 것보다 더욱 많은 양의 지식과 기술을 가지고 있기 때문이라고 말했다. 지식과 기술을 전수하는 것을 단순화시키기 위해서는 맥락 안에서 복잡하게 보여 주기보다는 전후 관계를 무시하고 이야기하는 더욱 단순하고 경제적인 전략들이 개발되었다. 여러분은 아동들이 산(San) 공동체에서 교육 받던 방법들이, 어떻게 맥락 내에서 일이 이루어지는가를 보여 주는 방식에 의해, 그 방법들이 이루어졌다는 것을 알게 되었을 것이다. 우리와 같은 문명화된 사회에서는 맥락과 분리해서 말하는 방법과 연습이 학교와 교사에 의해 점점 더 제도화되어 왔다. 그리고 학교와 교사는 어린 학생들에게 이러한 기술들을 본질적으로 추상적인 방법으로 가르치고 있다. 그래서 나이나 발달 단계별로 아동의 요구에 따라 가르쳐야 할 지식체를 구성하게 되는 것이며, 이것은 바로 가르쳐야 하고 배우게 되는 교육과정이 된다. 어떤 나라에서는 교육과정을 중앙정부에서 결정한다. 어떤 나라들은 이탈리아 지역에서처럼, 교육과정이 지역별로 결정된다. 가르치는 것이 그 사회에서 살아가는 사람들의 삶과 거의 관련성이 없는 경우가 종종 있다는 것을 인식하는 데는 많은 생각이 필요하지 않다. 학교는 지역이나 혹은 원주민의 삶으로부터 매우 멀리 떨어져 있다. 이것은 다른 문화로부터 온 사람들이 함께 살아가는 곳에서 더욱 두드러지게 된다. 학습은 아동들의 생활, 경험, 흥미의 측면에서는 맥락과 분리되어서 일어나는 것으로 기대되며, 이것이 바로 많은 학생들에게 학교가 무의미한 것으로 여겨지는 이유가 될 수 있다. 비록 브루너가 학교교육은 그 자체로 대부분의 사람들의 삶에서 매우 중요한 부분이며 학교의 존재가 학습자들로부터 매우 편협하고 지엽적인 사고를 벗어나서 다른 가능한 세계를 보도록 해 준다는 것을 인정했음에도 불구하고 브루너 자신이 학교교육은 쓸모없다고 느꼈다는 것을 기억할 것이다. 학교는 아동들이 사물에 대해 생각하고, 심사숙고하고, 질문하며 문제를 해결할 수 있도록 준비시키는 이상적 장소가 될 수 있고 되어야 한다. 학교는 또한 상징적 형태로 표현된 것과 문자나 구어로 표현된 언어와 같이 고도로 추상적인 방식을 사용하는 것을 잘 개발하도록 도와준다. 이를 통해 아동들은 과거, 미래 그리고 실제와 가능한 세계에 대해 생각하는 것이 가능하게 된다.

브루너는 계속해서 증폭장치(amplification system)라고 불리는 것에 대해 이야기하고 있는데, 그에 의하면 증폭장치는 의미를 만들고 공유하는 것을 도와주기 위해 인간에 의해 사용되는 물리적이고 인지적인 도구를 의미한다. 그는 비고츠키가 문화적 도구라 불렀던 것에 대해 이야기하고 있으며 그가 설명하는 증폭장치는 다음과 같은 것을 포함한다.

- 행동을 강화하는 도구 : 망치, 지렛대, 막대기, 바퀴와 삽 같은 것들
- 감각을 강화하거나 증폭하는 도구 : 봉화신호, 마이크, 돋보기, 망원경, 도식 같은 것들
- 사고를 확대하는 도구 : 상징체계(알파벳과 대본, 책과 숫자), 컴퓨터, 전자장치, 논리 등등

브루너에 의하면 문화는 '증폭장치의 발명자(고안자)이자 저장소이며 송신기(전달자)이고 그러한 증폭장치에 맞도록 하는 장치'이다(1966b: 7). 즉 각 문화는 자신들의 도구를 개발하고 사용하며, 관리·유지하고 공유하며 문화 내에서 발전된 지식, 관습, 기술, 가치, 신념, 관례의식, 그리고 실제를 전달하기 위해 그 도구들을 적절히 개발하고 배치한다. 수렵 채집인 공동체 내에서 개발되고 사용되던 그 도구들은 더욱 상징화·추상화·언어화된 복잡한 사회에서 사용되던 것보다 더욱 실용적이고 행동과 직접적으로 연관될 것이다.

문화의 전승 : 아이 준비시키기

브루너는 하나의 사회가 어린아이들을 학습자로서 준비시키기 위해 무엇이 필요한가에 대해 생각하는 바를 저술했다. 어떤 사회라도 그

사회의 문화와 관련된 지식체와 기술을 함께 모아서 그것을 초보 학습자들에게 적합한 형태로 전환시키는 것은 분명히 필요한 일이다. 즉 한 사회가 형식적 학습을 위해 합일된 교육과정이나 교수요목 같은 것이 필요하며, 연령, 요구, 학습 양식과 학습자의 경험에 부합하는 방식으로 제시되어야 한다. 영국에 있는 우리는 매우 어린 아이들이 무엇을 배워야 하는지에 대해 지속적으로 논쟁하는 데 익숙하다. 아이들은 발음중심 어학교수법(phonics)으로 배워야 하는가, 아니면 그들에게 책을 읽어 주고 함께 읽도록 하고 아이들이 그런 책이나 읽기에 대해 일단 소개 받고 나서 파닉스를 만나야 하는가? 아이들은 전통적인 철자법을 사용해서 '정확하게' 쓰는 법을 배워야 할 필요가 있는가, 아니면 아이들이 어떻게 글을 쓰는가에 대한 자신의 아이디어와 가정을 사용하여 글쓰기를 실험하도록 허용해야 하는가? 그들은 책상에 앉아 있어야 하는가, 아니면 자신의 흥미에 따라 자유롭게 움직이고 선택할 수 있도록 해야 하는가? 브루너는 학습자는 소위 '불필요한 학습(needless learning)'으로부터 보호 받아야 한다고 제안하면서 이는 바로 아동들이 자신의 능력에 따라 집단을 형성하고, 가르치고 생각하는 것이 가능하도록 해야 한다고 덧붙였다. 이 문제에 관해서는 더 많은 질문들이 생겨난다. 우리는 그들에게 색깔, 모양, 혹은 동물이나 나라 이름을 붙여 주면서 위장해서 능력별 집단 편성을 해야만 하는가? 상위 그룹에 있다는 것이 아동들에게 어떤 의미를 주는가? 또한 하위 그룹에 있는 아동들은 어떠한가? 우리는 그들을 혼합능력 집단으로 가르쳐야 하는가? 만약 여러분이 릴리안 캐즈의 저서를 읽었다면 그녀는 아동이 마른 잎을 가지고 콜라주를 만들거나 색칠을 하거나 학습지를 하는 것과 같은 그들의 경험과 흥미와는 거리가 먼 사소한 것들을 하도록 요구되어서는 안 된다고 말한 것을 알 것이다.

여기에서 우리는 선진국 혹은 산업화된, 복잡한 사회의 학교교육에서 고질적으로 보이는 문제들 가운데 두 가지 정도를 다루는 것으로 시작하고자 한다. 첫 번째는 우리 학교들 대부분의 수업이 말로 이루어진다는 것이며 대부분의 학생들은 조용히 앉아서 듣고 있는 수동적인 형태로 이루어진다는 점이다. 지식과 행동이 분리되는 것이다. 그리고 우리는 이것을 대체적으로 선진국에서 학습은 아동들의 삶, 경험 그리고 맥락과 상관없이 제공되는 데 그 책임이 있다고 생각한다. 여러분은 왜 브루너가 그의 학교교육에 대한 자신의 반응을 기록해 두었는지 기억할 수 있을 것이다.

여기에 두 개의 글이 있다. 읽고 난 후 어떻게 각 아동들이 학교교육을 경험하고 있는지에 대해 생각해 보라.

- 3살 샤스티는 파키스탄 시골에서부터 최근 런던으로 옮겨 왔다. 학교에 온 둘째 날, 선생님은 그 아이에게 카드에 영어로 쓰인 자신의 이름을 종이에 베껴 쓰라고 말한다. 샤스티는 아직까지 영어를 하지 못한다. 그 아이는 카드에 쓰인 것이나 혹은 그녀가 무엇을 해야 하는지에 대해서도 알지 못한다. 그녀가 당황스러워하는 것을 보자, 선생님은 좀 더 나이 많은 다른 아이를 보고 샤스티에

게 우르두어로 설명해 주라고 말한다.

- 7살 하니는 필립 풀만 도서 가운데 한 권을 매일 저녁 엄마와 함께 읽고 있다. 그 아이가 교실에서 읽어야 하는 책은 그녀의 흥미와는 관계없는 독서계획(reading-scheme) 목록 도서이다.

여러분은 샤스티와 같은 극단적인 경우에는 그 과제가 이전 경험과 삶과는 거리가 먼 매우 부적절한 것이라는 것을 알 수 있을 것이다. 그 아이에게 이 과제는 학교에서 너무나 일찍 겪게 되는 혼란스러운 경험이 될 것이다. 새롭게 자격증을 받은 젊은 교사들은 아동들의 혼란을 알아차리고 그것에 대해 시정하려고 한다는 점에서 다행스럽다. 이 경우의 교사는 너무 바빠서 어린 학습자들에게 그들의 이전 경험으로부터 연관시키는 것의 중요성을 고려할 충분한 시간이 없었을 수도 있다. 하니의 경우, 좀 더 성숙하고 경험 있는 교사인 그녀의 학생들이 가진 경험에는 거의 관심을 기울이지 않는다. 하니는 학교 밖에서 책과 저자들을 만나는 경험을 한다는 점에서 매우 다행스럽다. 교사가 이것을 고려하거나 그 교실에서 허락해서는 안 될 이유는 전혀 없다.

이 장 앞부분에 설명한 수렵 채집인 아동들에게 학습은 분명히 생활과 행동의 맥락 내에서 이루어지는 것이었다. 브루너는 한 사회는 반드시 한 세대로부터 다음 세대로 온전히 보존해야 하는 기술과 절차가 있음을 확실히 해야 한다고 주장했다. 여러 선진국에서 이것은 분명하지만 어떤 경우에는 가끔씩 — 아파르트헤이트 시절의 남아공 흑인들의 경우, 잉카 인들과 아즈텍 족들, 마야 인들, 그리고 이스터 섬 사람들의 경우 ─ 제국주의와 식민주의를 통해 회복이 될 수 없을 정도로 피해를 입은 경우도 있다. 여기에 언어와 문화 상실의 영향을 보여 주는 사례가 있다.

조티(Joti) 족은 볼리바르 주 상류 쿠치베로 유역, 아마조나스 주 아시타, 이구아나, 상류 파루시토 유역에 있는 25개 부락 가운데 약 800명 정도 되는 원주민 집단이다. 지역의 환경은 주로 저지대로부터 산간지대까지 고도 경사도에 따라 구조와 형태가 점차 다르게 나타나는 열대우림 지역이다. 조티 족은 1970년대까지 사는 지역이 바위가 많은 산악지역이라서 접근이 어려웠기 때문에 서구 문화를 접해 보지 못해 완전히 고립된 상태였다. 그때 그들은 수렵과 채집으로 유목생활을 하여 근근이 살아갈 수 있었으며 유랑농법의 초기 형태를 실행하고 있었다. 지난 30년 동안 그들 중의 일부는 이웃 원주민들, 외국인 선교사들과의 접촉을 확대해 옴으로써 서구의 무역 상품과 도구를 구하게 되었으며, 따라서 외국의 문화적 신념과 실제에 노출되어 왔다. 그러나 모든 지역 집단들이 이러한 변화에 영향을 받은 것은 아니다. 몇몇 집단들은 계속해서 전통적인 유목생활을 계속하고 있으며 사실상 조티 족 이외 다른 집단과 거의 접촉하지 않고 살아가며, 심지어는 최근 혹은 이전의 선교 기지 근처에 정착해 살고 있는 사람들조차도 외부인과 제한된 접촉과 상호작용을 하면서 계속해서 수렵과 채집 그리고 정글 트래킹에 의존해서 살고 있다. 결과적으로 조티 족 사람들은 오늘날 베네수엘라에 살고 있는 문화적으로 동화가 가장 적은 원주민 가운데 한 집단으로 여겨지고 있다. 그들 집단의 사람들 대부분은 조티 족 언어만 사용하며 상대적으로 제2언어로서 스페인어를 배우는 사람은 거의 없다.

(www.terralingua.org/projects/vitek/pilot.htm)

(위의 예와 같은) 세계 여러 나라 사람들의 기록된 경험들의 결과로 인해 원주민 권리에 대한 유엔선서(UN Declaration on the Rights of Indigenous Peoples, 2007)가 도출되고 합의되었다. 이를 통해 그동안 자신의 문화를 보존하려는 여러 소수 민족의 권리가 무시된 채 존재해 왔던 여러 실제를 바로잡게 되었다. 선서 조항들 가운데 아동을 돌보고 교육하는 것과 관련된 것은 적어도 다음 두 개가 해당된다. 14번째 조항은 다음과 같은 사항들을 언급하고 있다.

- 원주민들은 그들 자신의 언어, 그들의 문화적 방법에 적합한 방식으로 가르치고 배우는 교육을 제공하고 교육 체제와 기관을 설립하여 운영할 수 있는 권리를 가지고 있다.
- 원주민 개인들은 특히 아동의 경우, 어떤 차별도 받지 않고 그 나라의 모든 학년의 교육과 모든 형태의 교육에 참여할 권한을 가지고 있다.
- 국가는 원주민들과 함께, 원주민 공동체 밖에 사는 원주민을 포함

한 개인들, 특히 아동을 위해 가능한 자신의 문화에서 자신의 언어로 제공되는 교육을 받을 수 있도록 효과적인 방법들을 강구하도록 한다.

15번째 조항은 다음과 같은 사항을 언급하고 있다.

- 원주민들은 그들의 문화, 전통, 역사와 염원이 교육과 공공 정보에 적절하게 반영될 위엄과 다양성의 권리를 가지고 있다.

피아제와 비고츠키의 영향

우리는 이미 브루너에게 큰 영향을 미친 두 명의 이론가가 있다는 점을 언급했다. 그들은 어떤 측면에서는 유사하지만 어떤 측면에서는 철저히 다른 관점을 가지고 있는 피아제(Jean Piaget)와 비고츠키(Lev Vygotsky)이다. 피아제의 업적은 세계에 잘 알려져 있으며 그의 영향력은 오늘날에도 여전하다. 브루너에게 피아제의 접근은 인식론과 논리학에 의한 것이 대부분이었다. 이 용어의 의미를 좀 더 자세히 살펴보자.

- 인식론(epistemology)은 철학의 한 가지로서 지식의 본질, 가정, 기초 그리고 범위와 타당성에 대해 연구하는 것이다. 본질적으로 인식론은 네 가지 질문을 하고 있다. 지식이란 무엇인가? 지식은 어

떻게 습득되는가? 사람들은 무엇을 알고 있는가? 그리고 우리가 아는 것을 어떻게 알 수 있는가?

● 논리학(logic)은 함의, 모순, 상반됨, 변환 등과 같은 명제들 간의 관계를 설명하는 정확한 추론의 과학이다. 논리학은 대부분의 지적 활동에서 사용되지만 철학, 수학, 그리고 컴퓨터 과학과 같은 학문과 일차적으로 관련되어 있다. 논리학은 어떤 형태가 타당하고 어떤 것이 오류를 범하는지를 고려하고 취하는 논쟁의 일반적 형태를 검증한다. 이는 비판적 사고의 한 종류이다. 철학에서 논리학의 공부는 '우리는 우리가 아는 것을 어떻게 알 수 있는가?'를 묻는 인식론의 영역에 해당된다.

장 피아제(1896~1989)

피아제는 지식이 구성되고 전수되도록 하는 논리적 기저에 대해 설명하기 시작한다. 그는 아동이 어떻게 지식을 받아들일 수 있는지에 대해 알고자 했다. 그는 학습자를 지식의 수동적 수용자가 아니라 지식을 능동적으로 구성하는 자로 인식하는 사람으로 유명하다. 다시 말하면, 그는 아동이 세계와 그 안에 있는 사람들을 이해하기 위해 적극적으로 노력한다고 말한다. 그는 아동의 세계의 특성에는 관심이 거의 없었고 맥락이나 문화에 대한 관심은 거의 가지지 않게 되었다. 그의 논리적 준거틀 내에서 그는 아동에 대해 평형화를 이루기 위해 동화(자신의 정신적 스키마에 맞게 경험을 만드는 것)와 조절(경험에 맞추기 위해 자신의 스키마를 변경시키는 것)의 과정을 사용하는 연령과 관련된 단계를 통해 발달해 가는 것으로 보았다. 브루너에게 있어 평형화는 다소 명료하지 못한 개념이었다. 브루너는 피아제가 제시한 아동이 성장해 가는 세계에 대한 사고를 다음과 같이 설명했다.

아동은 본질적으로 그가 반드시 공간과 시간 그리고 인과관계를 정리해야 하는 대상들의 세계 속에 홀로 있다. 그는 자기중심적으로 그의 여행을 시작하며 결국 다른 사람과 함께 해야 할 세계를 부여 받게 된다. 그러나 그를 도와주는 사람은 거의 없다. 영아와 어머니의 사회적 상호관계는 피아제의 발달을 설명하는 데 매우 적은 역할을 한다. 그리고 언어 역시 언어가 적용되는 세계의 어려움을 해결하는 수단도 도움도 되지 못한다. 피아제가 설명하는 아동은 하나의 큰 어려운 문제를 가지고 있다(경험의 구조와 함께 평형화를 위해 내적 상징화를 이루는 것). 피아제에게 아동은 거의 지적이지 않으며 인간 조건의 여러 특성들로부터 분리되어 있다.

(Bruner, 1983a: 138)

따라서 브루너와 피아제의 관계는 복잡하다고 볼 수 있으며, 그는 이에 대해 아버지와 아들의 관계 같다고 말했다. 그는 피아제와 그의 업적에 대한 존경심이 가득했으나 특별히 발달의 단계 이론에 함축된 아동의 수동성에 대해서는 우려했다. 브루너에게 학습은 개별적이고 능동적인 발견의 과정이며 비록 그에게 사고와 추론이 시간에 걸쳐서 점점 정교해져 간다는 것은 명백하지만 연령별 발달 단계는 너무 단순화시킨 것이라 보았다. 그는 이에 대해 다른 대안적 접근을 제시했다. 이는 표상(표현양식)에 대한 그의 지속적인 관심에서부터 나온 것이며 아동은 다음과 같은 세 단계의 학습을 통해 점진적으로 이동해 간다고 진술했다.

1. 작동적 단계(enactive stage) : 아동이 능동적으로 사물을 조작하는 것을 통해 이해를 발달시키기 시작한다. 이는 아동이 놀이를 통해 학습하고 놀이가 격려되어야 하는 단계라는 의미이다.

2. 도상적 단계(iconic stage) : 아동이 어떤 것에 대한 정신적 이미지를 형성할 수 있기 때문에 더 이상 그들 앞에 있는 물리적 대상이나 사물 혹은 경험을 직접적으로 해야 할 필요가 없게 된다. 이 단계에서 아동은 경험을 축적하기 위해 기억을 활용하며 저장된 정신적 이미지를 사물을 이해하는 데 사용하는 것이 가능하다.

3. 상징적 단계(symbolic stage) : 아동이 세계를 표상하기 위해 추상적 사고를 사용할 수 있는 단계이다. 상징물과 상징체계를 사용할 수 있는 능력은 아동에게 평가하고, 판단하며, 비판적으로 사고하는 것이 가능하도록 한다.

브루너는 본질적으로 아동이 그들 자신의 이해를 연결하고 생성하도록 하기 위해서는 이러한 단계들을 성공적으로 지나가는 것이 필요하다고 믿었다.

아래에서는 동일한 아동이 시간이 흐르면서 브루너의 각 단계들을 거쳐 가는 사례를 보게 될 것이다. 이것이 여러분의 실제에 도움이 될지 결정할 수 있다.

프리덤이 3살일 때 그의 센터 교사는 이렇게 기록했다. '프리덤에게 새 동생이 생겼다. 오늘 유아원에서 인형을 하나 집고 그것을 유모차에 태우고 정원을 돌아다녔다. 그리고 그는 인형을 교실에 가져와서 유모차에서 꺼낸 후 책상에 세게 던져 부숴 버렸다. 우리는 그를 지켜보고 있었으며 아무 말도 하지 않았다. 우리는 그것이 그의 혼란스러운 감정을 반영하는 것처럼 보였기 때문에 기록해 두는 것이 가치 있다고 생각했다.' (그의 반응은 그의 감정을 표현하기 위해 그의 감각과 동작을 활용하는 작동적인 것이었다.)

2년 후, 그가 유치반 1학년이 되었을 때 프리덤은 그의 프로파일에 포함된 몇 개의 그림을 그렸다. 첫 번째 그림에는 그가 '나'라고 말하는 사람의 모습이 그려져 있었다. 그리고 두 번째 그림에는 네 사람의 모습이 나타나 있었다 ― 한 사람은 크고, 한 사람은 더 작고, 또 한 사람은 좀 더 작고, 그리고 마지막 한 사람은 그냥 점으로 표시되어 있었다. '나의 가족.' (그의 반응은 그의 감정을 표현하는 데 그림과 이미지를 사용한다는 면에서 도상적이다.)

2학년 말에 프리덤은 이렇게 썼다. '나의 여동생이 태어났을 때 나는 정말 화가 났다. 나는 유일하게 특별한 아이로 취급 받고 싶었으나 나의 어머니는 언제나 우리 둘을 똑같이 사랑한다고 말씀하셨다. 이제 나의 여동생은 괜찮아졌으며 우리는 같이 논다. 나는 나의 가족을 사랑한다.' (여기에서 그의 반응은 그의 생각과 느낌을 표현하기 위해 글자를 사용하는 상징적인 것이다.)

여러분도 아동이 이러한 단계를 성공적으로 이행하는 것이 필요하다는 브루너의 의견에 동의하는가? 유창하게 쓰고 감정과 느낌을 표현하기를 즐기고 그것의 이미지를 만들어 가는 아동들의 경우에도 마찬가지라고 생각하는가?

레프 비고츠키(1896~1934)
구소련의 교육심리학자.

비고츠키의 이해는 이와는 다소 다른 입장을 취하고 있다. 비고츠키에게 있어 아동은 말하기를 배우고 이것이 의미하는 바를 알며, 문화의 형태와 도구들(처음에는 서투르지만 점점 기술이 증가하고 세련되어지는)을 전수 받아 이러한 것들을 적절하게 사용하는 의식의 발달과 자발적 통제를 이루어 가면서 성장해 가는 존재다. 브루너에게 있어 학습자의 세계의 관점에 대한 결정적 특징은 이런 관점을 너무 새롭고 흥미로운 것으로 만드는, 학습은 문화와 맥락에 근거하고 있다는 주장이었다. 비고츠키는 학습이라는 것이 더욱 경험이 많은 학습자와 경험이 적은 학습자 간에 이루어지는 상호작용을 통해 이루어지며 책, 구어나 문어 그리고 상징체계 등 문화 내에서 개발된 모든 것과 같은 문화적 도구의 사용을 포함하는 것이라고 믿었다. 그는 더 많은 경험을 가진 학습자가 경험이 적은 아동이 현재의 성취 수준을 넘어서 다음 발달 수준으로 이행하도록 도와줄 수 있다고 믿었으며 이 두 개념 간의 간격을 근접 발달 영역(zone of proximal development)이라고 불렀다. 그의 학습 모형은 지식의 전달 혹은 전수를 의미하는 것이다. 이것이 가진 함의는 개별 아동이나 학습자는 그녀가 자신의 사고 과정을 조직하는 것이 가능하도록 타인(아동이나 성인)의 도움을 받음으로써 그녀 스스로 무엇인가를 할 수 있게 된다는 것이다. 그것은 의존성으로부터 독립적이 되도록 돕는 특성을 가진다. 학습 과정에서 더욱 경험 있는 타인의 중요성에 대해 집중하는 것이 비고츠키의 사고의 기본이 되는 것이며 브루너에게 많은 영향을 미친 것이다.

따라서 지금까지 우리가 살펴본 것처럼, 브루너에게 학습 과정에서 더욱 경험 있는 타인의 역할은 핵심적인 것이다. 그는 교사나 교육자의 역할을 스캐폴딩(scaffolding)이라고 부르는 과정에 의해 그의 세 단계(이전에 언급했던)를 통해 주어지는 지원―그때 학습자의 요구를 주의 깊게 고려하는―이라고 보았다. 여러분은 얼마나 많은 부모와 양육자들이 이러한 것을 본능적으로 수행해 내는지에 대해 생각해 보기를 원할 수도 있다. 브루너는 이러한 스캐폴딩에 대한 비유를 건물이 구성되고 복원되는 과정으로 표현했다. 성인이 도와주는 스캐폴딩으로 아동이 학습에서 지원이 더 적은 단계로 이동하는 것이 가능해지며, 아동이 도움 없이도 스스로 할 수 있게 될 때 스캐폴딩은 제거되게 된다.

이것은 꽤 간단하게 보이지만, 상당한 예민함과 기술이 요구되는 것이다. 여러분은 성인이나 더 경험이 있는 사람이 성공적인 학습을 위해 스캐폴딩해야 하는 것이 무엇인지에 대해 생각해 보기를 원할 것이다. 다음에 나오는 몇몇 예들이 스캐폴딩이 성공적으로 되는 데 필요한 것에 대해 설명해 줄 것이다. 먼저 여러분은 무슨 일이 발생했는지에 대한 기록들을 읽게 될 것이다. 다음으로 더 숙련된 타인 마바가 잭의 학습에 스캐폴딩하기 위해 무엇을 했는지에 대해 분석한 것을 읽게 될 것이다.

> 잭은 그가 찾은 재료들을 가지고 보트를 만들고 싶다고 말했다. 그는 필요한 재료 한 가지를 쳐다보고 다시 내려놓기를 반복하며 상당히 오랜 시간을 보냈다. 교사인 마바는 잠시 동안은 개입하지 않고 그가 하는 것을 지켜보았다. 그러나 그가 결정을 하지 못한다는 것을 알자 다가가서 말했다. "어떤 특별한 것을 찾고 있니? 무슨 중요한 것을 찾고 있구나? 나는 그게 네 보트를 만드는 데 필요하다는 것을 알아."
>
> 잭은 "나는 젖어도 문제가 없는 어떤 것이 필요해요."라고 말했다.
>
> "아." 하고 마바가 말했다. "알겠다. 너는 물에 들어가서 젖어도 가라앉지 않는 어떤 것을 원하는구나."

잭은 고개를 끄덕이고 미소를 지었다. 그러고 나서 그는 종이 상자를 집었다. "이것이 물건을 넣기에 좋겠어요. 그렇지만 내가 그것을 물에 넣으면 물에 젖어서 축축해질 것 같아요."

마바는 동의하고 플라스틱 계란 상자를 들었다. 잭은 머리를 흔들었다. "너무 작아요."라고 그가 설명했다.

"아, 너는 크기가 좀 더 크고 물에 젖지 않는 것을 원하는 거구나. 여기서 잠시 기다려 봐. 찬장에 플라스틱 용기들이 더 있을 거야."

그녀는 찬장으로 가서 플라스틱으로 된 음식 용기, 플라스틱 뚜껑, 빈 깡통들, 그리고 화장실 휴지걸이가 들어 있는 상자를 가지고 돌아왔다. 잭은 각 물체들을 자세히 살펴본 후 플라스틱 음식 용기를 선택해서 그가 원하는 보트를 만들기 시작했다.

위의 관찰 기록들을 다시 읽어 보고 교사 마바가 잭의 학습을 지원하기 위해 무엇을 했는지에 대한 여러분의 생각을 적어 보라. 그리고 그것을 읽어 본 후 여러분이 동의하는지 보라.

여러분은 마바가 잭이 하는 것이 무엇인지를 이해하는 데 얼마나 시간을 투자했는지 볼 수 있는가? 그녀는 그녀의 개입이 잭에게 유용할지를 확신하기 위해 기다리는 데 시간을 보낼 수 있었다. 그는 자신의 문제를 분명하게 설명할 수 있게 되었고, 그러자 그녀는 그에게 처음 종이상자를 선택한 것에 대해 크기가 잘못되었기 때문에 거절했던 대안을 제시할 수 있었다. 이것이 그녀에게 그 물체에 대한 그의 평가(너무 작다)를 반복할 기회를 제공해 주었으며 그의 단어 선택을 확장시키는 '방수가 되는(waterproof)'이라는 단어를 소개하게 해 주었다. 여러분은 그가 '젖은', '축축한'이라는 단어들을 사용했던 것을 기억할 것이다. 그래서 그녀는 그가 하는 것과 말하는 것에 주의를 기울였으며 그의 요구라고 그녀가 인식했던 것과 그녀의 단어와 행동을 조화시키려고 노력했다. 그러고 나서 그녀는 그가 선택한 것을 만드는 것으로 이동할 수 있도록 하는 몇몇 재료들을 제공해 주었다. 그러고 나서 그녀는 언어(그에게 그의 문제를 말로 표현하도록 도와주고 그의 어휘를 강화해 주는 것)와 재료를 제공해 주는 것을 통해 그의 학습을 스캐폴딩해 주었다. 그녀의 개입을 통해 그가 도움 없이 용기를 선택할 수 있도록 했기 때문에 마침내 그는 그녀의 도움 없이도 그의 보트를 만들 수 있게 되었다.

마바의 행동은 단순하지만 아동이 흥미를 가진 것이 무엇인지 그리고 그가 필요한 지원이 있다면 그것이 무엇인지를 알아내는 것을 통해 서로가 완전히 의존되어 있었다.

실천을 위한 함의

이 장에서는 교육현장에서 유용하게 사용될 수 있는 브루너의 아이디어 세 가지를 발견한다.

1. 학습자와 보다 많은 경험을 가진 타인, 즉 의존적인 데서 독립적이 되도

록 아이를 도와줄 수 있는 많은 경험을 지니는 타인과의 상호작용에 대한 그의 관심. 교사는 학습을 스캐폴딩한다. 그리고 이것이 우리가 하는 것에 대해 확신을 필요로 하는 것이다. 스캐폴딩은 보다 많은 경험을 가진 타인이 알아야 하고 해야 할 여러 가지를 요구하는 고도로 기능적인 행위이다.

- 아동이 흥미로워하는 것, 하고자 하는 것, 관심을 가지고 있는 것이 무엇인지를 이해하는 것
- 그것에 기초하여 아동이 그 과제에서 독립성을 획득하도록 도와줄 수 있는 방식으로 개입하는 것(그리고 이것은 아이가 이미 성취해 온 것이 무엇인지에 대해 알아보는 것을 통해 이루어질 수 있다)
- 아동이 자기가 한 것, 특별한 재료를 제안한 것에 대해 생각할 수 있도록 돕는 것

2. 학습에 있어서 맥락과 문화의 중요성. 우리에게 이것은 우리가 아동에게 제공하는 환경은 아이들에게 의미가 되고 이전의 경험을 토대로 쌓아 갈 수 있도록 한다는 것을 확실히 해 둘 필요가 있다는 것을 의미한다. 학습은 아동의 문화에 어떤 방식으로 관련되고 아동에게 의미가 되는 어떤 것에 관한 것이어야 한다. 여러분이 활동을 시작할 계획을 세울 때 혹은 재료를 가지고 올 때, 여러분은 멈추어 서서 여러분 자신에게 다음과 같은 질문을 할 필요가 있다.

모든 아동이 이것과 관련될 수 있는가? 그것이 모든 아동의 경험을 반영해 주는가? 내가 선택한 재료들이 어떤 식으로도 편향적이진 않는가? 내가 사용하는 언어는 특정 아동들을 배제하는 것이 아닌가? 이런 것들은 어려운 질문이지만 주기적으로 질문해야 할 필요가 있는 것들이다.

3. 브루너의 표현양식의 단계 — 작동적, 도상적, 상징적 — 는 아동이 그들의 사고와 생각을 표상할 때 사용하는 것이 무엇인지에 대해 여러분이 관심을 가진다면 유용하게 사용될 수 있을 것이다. 여러분은 아동이 주로 그림이나 영상 혹은 상징체계를 사용하면서, 움직임과 감각적 탐구에 의존한다는 점을 알 수 있을 것이다. 여러분은 만약 한 아동이 한 단계에 계속 머물러 있다고 느끼면 대안적인 표상의 형태를 소개하고 싶어질 것이다. 예를 들면, 만약 한 아동이 상징을 사용하기를 원치 않는 경우, 여러분은 그 아동이 자신감을 가지게 되는 더욱 구체적인 경험을 가질 수 있도록 할 것이다. 혹은 만약 그 아동이 (더하기와 같은) 공식적인 것을 해야 하는 압력을 받고 있다면, 여러분은 아마 그 아동이 동작적으로 혹은 영상적으로 사물을 표상(표현)할 수 있도록 소개하기를 원하게 될 것이다.

나가기 : 되돌아보기, 미리 보기

브루너의 사상을 보다 깊이 바라보는 처음 몇 장(章)들에서는 어떻게 아동들이 그들의 세상과 그 안에 있는 사람들에 대한 의미를 만들어 가는지에 대해 살펴보았다. 우리는 인류의 발달, 무엇이 인간을 다른 동물과 다르게 특별한 종으로 만드는지에 대해서 살펴보는 것으로부터 시작했다―즉 도구의 개발과 사용 그리고 그 도구를 사용하는 데 필요한 기술들. 이것은 문화를 전승하는 데 미치는 영향을 이해하기 위해 여러 다른 문화를 통해 바라보도록 했다. 그리고 이것을 생각하는 동안 우리는 다른 시기에 다른 집단에서 무엇을 가르쳤고 어떻게 가르쳤는지를 고려해 보기 시작했다. 피아제와 비고츠키의 영향에 대해 언급했으며 브루너의 스캐폴딩에 대한 생각을 살펴보는 것으로 이 장을 마무리했다. 다음 장에서는 영리한 아기를 바라보는 것처럼 유능한 아동에 대한 우리의 관심을 지속할 것이다.

제 4 장

재기 넘치는 **놀라운** 아이들

들어가기

브루너는 1966년에 초기 유아기로 관심을 돌렸다. 그것은 마음이 어떻게 시작되는지에 대한 연구의 한 부분이었고, 이 장에서는 그가 어떻게 그의 생각과 이론들을 전개시켰는지 살펴볼 것이다. 그가 어떤 사람들과 연구했고 누가 그의 생각에 영향을 주었는지 다시 알아보고 그의 생각이 우리의 교육실천에 끼치는 영향에 대해 살펴보자.

신생아에 대해 배우기

브루너가 아동의 행동에 관해 조사를 시작했을 때 그가 아는 것이라고는 그 당시의 기본적인 참고도서에서 찾아볼 수 있는 것들뿐이었고, 이것들은 반사 행동과 감각 과정에 관한 것들에만 초점을 맞추었으며 인지나 마음에 관해서는 별로 관심을 두지 않았다. 그 당시의 실험들은 심박률이나 피부전도, 또는 다른 생리학적 변화들을 측정하기 위해 기계를 사용했다. 당시 브루너에게는 두 명의 자녀가 있었는데 그들이 사랑스러웠다는 것만 빼면 브루너가 유아기 그 자체에 대해 아는 것은 거의 없었다. 이때 그는 소아과 의사이자 신생아 평가 테스트를 개발 중이던 베리 브레즐튼(Berry Brazelton)을 만났다. 브레즐튼은 그의 작업에서 상호작용과 경험, 상황에 포커스를 맞췄기 때문에 브루너는 브레즐튼이야말로 자신에게 유아 행동을 가르쳐 줄 수 있는 사람이라고 믿었다. 그는 토요일마다 브레즐튼과 함께 보스턴 산부인과에 갔으며, 후에 '난폭한(outrageous)'이라고 묘사되는 유아들에 관해 질문했다.

베리 브레즐튼(1918년 생) 미국의 유아교육학자, 하버드 의과대학 소아학 명예교수, 보스턴 아동병원의 '아동발달연구소' 설립자.

브레즐튼은 유아들이 태어나서 1년 이상 말을 한 마디도 하지 못할지 모르지만, 그들이 몸짓과 울음, 눈으로 나타내는 반응이라는 풍부한 어휘를 갖추고 의사소통할 준비가 된 채로 태어난다는 것을 알았다. 이러한 것들은 유아기 행동에 관한 복잡한 언어의 한 부분으로 여겨질 수 있다. 이 책을 읽어 가면서 이것의 중요성을 더욱 실감할 것이다. 아기들의 어떤 행동이 그들의 욕구와 감정, 심지어 생각까지 전달하는지를 이해하기 위해 브레즐튼과 그의 동료들은 일종의 측정 척도를 개발했는데, 브레즐튼은 이것을 신생아 행동 평가 척도(Neonatal Behaviour Assessment Scale)라고 불렀다. 그것은 부모와 연구자, 그리고 의료인을 대상으로 했으며, 그들이 주어진 생리학적 신호들을 이해할 수 있게 만드는 것이 목적이었다. 이 척도는 광범위한 행동을 다루며, 갓 태어난 아기와 2개월까지의 영아들을 검사하는 데 유용한 것으로 여겨졌다. 이 평가(측정)가 끝날 때쯤 브레즐튼은 아기들의 힘과 적응 반응들, 그리고 있을 법한 취약성에 대한 '행동적 묘사(behavioural portrait)'라고 불릴 수 있는 것을 알 수도 있겠다고 생각했다.

이것이 발표될 당시 이용되었던 다른 테스트들은 비정상적인 행동들을 찾기 위한 것들뿐이었다. 이러한 새로운 척도는 신선한 것이었으며, 브루너에게 있어 이 척도에 관한 가장 중요한 것들 중 하나는 모든 유아는 태어날 때부터 유능하고 능숙하다는 가정이었다. 브레즐튼은 신생아들이 출생 전 이미 자궁 안에 있을 때부터 9개월치의 경험을 축적하고 있었고 그들이 환경에 맞게 행동을 통제할 수 있다는 것을 깨달았다. 그는 또한 인간 유아들이 그들의 행동과 소리, 몸짓 그리고 표정을 통해 소통할 수 있다는 사실의 중요성을 부각시켰다. 또한 유아들은 그들 주변의 신호에 반응할 수 있고(어른의 미소가 아이들의 미소를 유도하는 걸 생각해 보라) 그들의 행동이 반응을 이끌어 낼 수 있다는 사실도 지각할 수 있었다(아이들이 젖을 달라고 우는 걸 생각해 보라). 이 척도에 깔려 있는 또 다른 가정은 각각의 유아는 사회적 집단 속에서 태어나고, 환경과 그가 받는 보살핌에 의해 형성될 뿐 아니라 환경과 그들이 받는 보살핌을 만드는 데 역할을 담당하도록 준비된 상태로 태어나는 개인이라는 것이었다. 이것은 구성주의적이고 상호 작용주의적인 접근이다(Brazelton, 1995).

후에 브레즐튼은 자신을 중심으로 만든 팀과 브루너와 함께 인지연구센터에서 일했다. 이 팀에는 유아기와 어떻게 마음이 시작되는지에 관심이 있었던 스콧, 톰 바우어가 있었다. 그와 브루너는 실험을 수행했는데, 몇몇 실험은 특이한 것들이었다. 그중 하나는 아기들을 테스트하기 위한 실험 방을 고안하는 것이었다. 그 이유는 기존의 실험 방들이 너무 어수선했기 때문이었다. 그들이 고안한 방은 자극이 없도록(stimulus-free) 설계되었다. 그들은 특별한 의자['하버드 의자(the Harvard chair)'라고 알려진]에 앉혀진 아기들이 자신이 볼 수 있는 게 아무것도 없다는 사실이 너무나 슬퍼서 울음을 터뜨리는 것을 발견했다. 바우어는 에든버러로 돌아와서 사물과 사물의 영속성에 대한 이해의 발달에 관한 연구를 계속했다. 그는 이것과 관련하여 맹아들에게 매우 관심이 있었으며, 후에 *A Primer Infant Development*(1979)라는 책을 펴냈다.

브루너 또한 일즈 칼닌즈(Ilze Kalnins)라는 젊은 여성과 공동으로 일했다. 그들은 유아들이 그림을 볼 때 그것이 흐릿하게 보이거나 초점에서 벗어났을 때 거의 예외 없이 그림을 외면한다는 것을 발견했다. 그들은 유아들이 초점을 맞추는 메커니즘과 연관된 빨기 반사(sucking reflex)와 고무젖꼭지를 이용해 그 이미지의 질을 높일 수 있는지 살펴보려고 했다. 그들은 이 연구를 실행한 뒤 약 6주 정도 된 유아들이 흐려진 이미지를 깨끗하게 하기 위해 실제로 빠는 속도를 올릴 수 있음을 발견했다. 또한 그들은 아이들이 보는 데 있어 만족할 만한 효과를 얻기 위해 그들의 빨기 기술을 정교하게 할 수 있다는 것도 발견했다. 브루너와 칼닌즈에게 있어 이것은 지적 행동에 관한 명백한 증거였다. 브루너는 유아들을 어린 가설 생성자라고 여기기 시작했으며 유아들의 행동이 때때로 불규칙하게 보이는 것은 그저 쉽게 지루해하거나 집중력을 잃는 경향 때문이라고 말했다. 브루너의 말에 따르자면 유아의 행동은 '불안정'한데, 특히 무엇이 일어날지에 대해 통제를 할 수 없을 때 아이들이 쉽게 좌절하거나 지루해하는 것을 의미했다. 여기에서부터 수단(agency)이라는 것이 시작되었다.

바로 직후에 연구 팀은 콜린 트리바덴(Colwyn Trevarthen), 하누스 파푸제크(Hanus Papousek)와 다른 사람들을 영입하여 팀을 확장시켜 연구에 속도가 붙기 시작했고 언론이 이 연구를 정기적으로 다뤘다. 그들은 예전에 생각되었던 것보다 유아들이 더 유능하고, 더 활동적이며, 더 조직화된 생각을 한다는 것을 발견했다.

이것은 중요하고 광범위한 연구였으며, 이 분야에 관한 연구는 지금도 계속되고 있다. 고프닉 등(Gopnik et al., 1999)은 만약 당신이 아기에게 혀를 내밀고 있으면, 그 아기 또한 당신에게 혀를 내미는 것을 보여 주는 실험을 상기시킨다. 이것은 모방 같아 보였다. 이것이 그저 우연히 일어나는 것이 아니라는 것을 확인하기 위해 팀원 중 한 명인 멜초프(Meltzoff)가 아기들의 얼굴을 녹화한 뒤 무엇이 그 반응을 유발했는지 알지 못하는 사람에게 보여 주었다. 아기들이 모방하고 있다는 것은 분명했다. 멜초프가 처음 연구했던 아기들은 생후 3주 된 아기들이었다. 멜초프는 이 모방 반응이 선천적인 것인지 알아보고자 했다. 즉 인간 유아들은 남을 모방하려는 욕구와 능력을 가지고 태어나는가? 그는 분만실 옆에 실험실을 설치해서 갓 태어난 아기들을 대상으로 실험할 수 있었다. 가장 어린 아기는 42분 된 아기였다. 이것은 매우 흥미롭다. 그러나 우리는 이것이 왜 중요하며 이것이 놀라운 아기들(brilliant babies)에 관해 무엇을 보여 주는지 의문을 가질 필요가 있다.

이러한 질문들에 답하기 위해 어른들이 그들의 얼굴을 가지고 하는 것들을 모방하기 위해 신생아들이 무엇을 알아야 하는지부터 생각해 보자. 누군가가 혀를 내미는 것을 보고 그 반응으로 혀를 내미는 운동을 만들어 내기 위해 아이들은 혀를 움직이는 느낌이 어떤 것인지에 대한 피드백이 필요하다. 더욱이 아기는, 우리가 알기로는 인간의 얼굴에 반응하도록 미리 프로그래밍되어 있는데, 그들의 얼굴이 다른 사람의 얼굴처럼 내밀 수 있는 혀가 있는 입을 가졌다는 것을 인식할 수 있어야 한다. 이것은 단순해 보이지만 실제로는 매우 복잡한 일이다.

유아들이 얼굴, 목소리, 또는 다른 인간 특성에 깊게 관심을 가진다는 것은 많은 연구 증거들에서 볼 수 있다. 그들은 원반모양의 얼굴 구성에 미소를 짓고, 남성보다 여성의 목소리를 더 주의 깊게 듣는다. 트리바덴은 생후 두 달쯤 되면 아기는 그와 의사소통하려는 사람과 하지 않으려는 사람을 구별해 낼 수 있다고 주장한다. 아기가 생후 7~8개월쯤 되면 어른들의 얼굴 표정에 잘 반응한다. 9개월이 되면 까꿍놀이나 숨바꼭질과 같은 것을 할 수 있게 되며, 목욕이나 잠잘 때 그리고 밥 먹을 때 행해지는 특별한 의식 같은 것들에도 참여할 수 있게 된다. 즉 아이들이 몸짓이나 단어, 표정, 몸짓언어와 같은 것으로 이루어진 의사소통의 뼈대를 다른 사람들과 공유하게 된다는 것이다. 브루너는 그들이 목적을 달성하기 위한 수단이나 그들의 욕구와 필요를 충족시키려는 방법에 다른 사람들의 행동을 포함시키기 시작한다고 주장한다. 따라서 유아들이 그들의 목적을 달성하기 위한 주요 도구는 다른 사람이다. 아이들은 사회적이고 사교적인 존재이다. 또한 그들의 학습은 주로 다른 사람들과의 의사소통과 다른 사람들의 동기와 느낌을 이해하는 능력의 성장에서 온다.

실조의 개념과 보상 조치

브루너의 초기 유아기와 마음에 관한 연구는 1960년대에 시작되었는데, 그 당시 미국은 인권운동과 여성운동의 전개로 인해 10년간 정치적 변화를 겪고 있었다. 이러한 사회혁명은 흑인과 여성, 그리고 이들의 아이들의 삶과 그 여건에 대한 개선을 요구했다. 흑인 아이들은 학교에서 거의 항상 낙제했으며, 직장 여성들은 집 밖에서 일할 수 있게 적절한 보육 조치를 필요로 했다. 브루너의 놀라운 아이들에 대한 연구는 어린 나이가 발달에서 중요함을 제안했고 이것이 새로 발달하기 시작한 보상프로그램에 있어 한 요소가 되었다. 이것들 중에 가장 잘 알려진 것은 헤드 스타트(Head Start) 프로그램인데, 영국의 슈어 스타트(Sure Start) 프로그램이 여기에 근거를 두었으며 린든 존슨 대통령의 '빈곤과의 전쟁'의 일부로서 시작되었고 부분적으로 브루너의 연구와 'Little School of 400'로 알려진 것에 의해 영감을 받았다.

Little School of 400는 펠릭스 티헤리나(Felix Tijerina)와 라틴아메리카 시민연합에 의해 1950년대에 텍사스에서 개발된 교육 프로젝트였다. 티헤리나는 휴스턴의 사업가이자 시의 지도자였다. 그는 스페인어를 사용하는 어린이들의 어려움을 잘 알고 있었는데, 그가 어렸을 때 영어를 매우 어렵게 배웠기 때문이다. 또한 그는 그가 겪은 어려움들이 이러한 언어 '결핍(deficiency)' 때문이라고 생각했다. 그는 그의 스페인어 실력에서 인지 결함이 어떤 역할을 하는지는 한 번도 고려해 보지 않은 것 같다. 티헤리나는 그 당시에 유행하던 언어훈련 교수학을 적용해서 수천 명의 멕시코계 미국인 아이들에게 영어를 가르치고자 했다. 그래서 그는 리틀 스쿨(Little School)을 세웠다. 그 학교의 목표는 스페인어를 말하는 취학 전 아동들에게 400개의 기본적인 영어 단어를 말할 수 있게 가르쳐서 언어 장벽이라고 묘사되는 것을 극복하고 성공적으로 1학년을 마칠 수 있게 하는 것이었다. 티헤리나는 이 400개의 기본적인 단어를 익힘으로써 1학년을 다시 한번 다니지 않아도 되고, 동급생들에게 뒤처지지 않게 된다고 생각했다. 또한 좌절하지 않을 것이고 그 당시 텍사스 공립학교들에서 멕시코계 미국인들에게 널리 퍼져 있던 높은 비율의 중퇴도 사라질 것이라고 믿었다. 이 아이들은 결함(영어를 전혀 말하지 못하거나 제한적으로 말하는)을 가지고 있다고 인식되었고 학교에서 이들의 성공을 보장하려는 목표는 칭찬 받을 만한 것이었다. 그러나 아이들은 벙어리도 아니었고 멍청하지도 않았다. 그들은 능통한 스페인어 사용자였다. 여러분은 그들의 모국어와 문화가 가치 있게 인식되지 못한다는 것에 대해 어떤 메시지를 받았는지 생각해 보고 싶어 할지도 모르겠다(Guadalupe San Miguel, 1987).

이 프로젝트에 대한 소식이 전해졌을 때, 브루너와 그의 팀원들은 미 정부에 의해 교육에 있어 '결핍'의 문제에 대해 다루어 달라는 의뢰를 받았다. 브루너는 소규모 연구 프로젝트를 제안했다. 하지만 그러한 소규모의 제안은 권력자들의 입맛에 맞지 않았고, 몇 달 후 헤드 스타트가 시작되어 연방의 모든 주에 제공되는 것을 목표로 하게 되었다. 이것으로부터 나왔고 지금도 존재하고 있는 프로그램들은 '지역의 공공기관들, 사설 비영리 · 영리 기관들'(우리가 학교나 환경이라고 부르는 것들)에 투자한다. 이는 그들이 '발달 봉사(development services)'라고 부르는 포괄적인 서비스를 경제적으로 빈곤한 아이들과 가구에 제공하기 위한 것으로, 취학 전 아동들이 나중에 학교에 들어갔을 때 성공적으로 이루어져야 하는 기본적인 읽기와 수학적 기술을 개발하는 것을 돕는 데 특별히 초점을 맞추고 있다.

　이 프로그램들이 다수 아이들에게 결핍이 있다는 생각에 어떻게 기초해 있었고 사실상 어떻게 보상적이었는지 알 수 있다. 이 '결핍'이라는 개념은 브루너에게 있어 불편한 것이었지만 그는 그 연구를 계속했다. 이 연구의 결과들은 중요했고 상호작용과 자기주도(self-initiation)는 학습이나 마음의 발달에 있어서 주요한 요인이라는 것을 발견했다. 즉 학습하기 위해서 아이들은 다른 사람들과 상호작용해야 하며, 그들 스스로의 관심을 따라가야 한다. 그러나 결함과 실조(deprivation)라는 개념은 유지되기도 했지만 바뀌기도 했다. 실조는 처음에는 가난의 결과로 생각되었는데, 새로운 생각이 생겨났다. 문화실조(cultural deprivation)가 그것이다. 브루너에게 있어서 이것은 아이들이 어떠하고 어떠해야 하는지에 대해 상당히 이상적 생각을 가진 중산층 ─ 백인 중산층 아이들 ─ 의 관점에 뿌리를 두고 있었다.

그것은 가정주부인 엄마와 돈을 벌어 오는 아빠를 가진 핵가족 가정에서 자란 아이의 상당히 서구적인 관점이다. 이 아이는 마음껏 놀고 엄마와 지속적으로 소통한다. 이러한 것이 없으면 어떠한 가정이라도 결핍된 것으로 간주된다. 여러분의 가족이나 여러분과 관련 있는 가족, 또는 여러분이 읽었던 책에서 묘사된 가족과 비교해 보라. 얼마나 많은 가족이 그 모델에 일치하는가? 미국에서의 헤드 스타트 프로그램과 더불어 많은 프로젝트들이 엄마들에게 어떻게 하면 더 좋은 엄마가 되는지 또는 이상적인 중산층 엄마가 되는지를 가르쳐 준다. 예를 들어, 아이들과 놀아 준다거나 그들과 더 많이 대화하거나 종종 그들이 주도권을 잡게 허용하는 것 따위 말이다. 나중에 이와 유사한 부모교육 프로그램이 영국에서도 시작되었다. 그중 몇몇 프로그램은 아이들을 이상적일 것 같은 아이가 되게 하거나 학교에서 성공적인 아이가 되게 한다는 면에서는 결과가 있었다. 그러나 보상프로그램들의 부정적인 효과가 종종 이러한 조그만 이점보다 더 크다.

이제 새로이 중요한 문제가 떠오르는데, 그것은 아이들이 잘 자라지 못하거나 학교에서 성공하지 못하는 것이 문화실조와 연관이 있느냐 없느냐 하는 문제이다. 그것은 특정한 문화에서의 결핍인가 아니면 지배적인 문화에서 친숙하지 않은 존재의 장점과 스타일을 적절하게 인식하지 못하는 것인가? 확실히, 미국에서는 인식된 다수 아이들의 실패에 대한 비난이 아이들에게 직접적으로 가는 것이 아니라 아이들의 엄마에게로 간다. 또는 더 정확하게 말하자면, 엄마의 문화에게로 간다. 미국에서 빈곤하게 사는 엄마들이 과거에도 그리고 지금도 주로 흑인이나 히스패닉이라는 것은 거의 확실한 진실이고, 이것이 의미하는 바는 이러한 문화들은 어떤 점에서는 결핍되어 있다는 것이다. 그리고 영국에서는 이러한 빈곤 속에서 사는 가정들은 흑인이거나 이민자 가정일 수도 있지만, 노동자 계층의 가정일 수도 있다. 여기서 우리는 또 하나의 요인을 추가할 수 있다. 바로 계층이다.

헤드 스타트 프로그램들은 선의에서 나온 것들이지만 생색내는 듯한 태도는 종종 개혁운동을 일으킬 수도 있다. 이 운동들은 현재까지 지속되고 있으며 등록된 아이들과 그 가족들에게 교육, 건강, 영양, 사회적 기타 서비스를 제공함으로써 아이들의 사회적·인지적 발달을 향상시켜 학교를 다니기 위한 준비를 잘할 수 있도록 한다고 말한다. 실제로 그 프로그램들은 가난하다는 것, 또는 가난한 흑인이라는 것, 혹은 가난한 터키인이거나 아프가니스탄인이라는 것, 또는 가난하고 흑인이며 터키인이거나 아프가니스탄인이라는 것이 어떤 것인지, 그리고 그러한 이질적인 아이 양육 모델을 장려하는 환경에서 아이를 키우는 것이 어떠한지 따위의 중요하고 뼈아픈 질문을 무시한다.

헤드 스타트 초기에, 이것은 긍정적인 프로그램으로 묘사되었고 몇 가지 점에서는 실제로 그랬다. 그것은 순수하게 많은 빈곤층 아이들을 향상시키길 원했고, 그리고 아마도 빈곤과 차이의 문제에 있어서 약간 의식의 고양을 불러일으켰을 것이다. 몇몇 아이들이 이 프로그램들에 지원함으로써 혜택을 받았다는 것은 명백한데, 이 프로그램의 혜택을 받은 아이들은 어린 나이에 임신하거나 감옥에 가거나 복지 수당을 받는 수가 더 적었다는 점에서 그렇다. 그러나 어떠한 프로그램이라도 문화에 대한 관심이 부족하다면 장기적으로는 실패한다.

기대 정하기

거의 모든 아이들이 유능하고 또 생각하고 의사소통하고 문제를 풀고 성장할 수 있다는 가정에서 시작하는 프로그램 모델들의 예가 있다. 그 프로그램들은 아이들에 대해 더 높은 기대치에 근거하고 있으며 우리의 똑똑한 갓난아기들이 똑똑한 걸음마기 아이, 똑똑한 학생이 될 것이라고 믿는다. 그 프로그램들은 기본적인 기술의 강조에 의해 제한 받지 않지만 아이들이 관여하고, 도전하고 또 매혹될 수 있게 하는 많은 가능성을 제공한다. 여기 그 몇 가지 예가 있다.

- 교육의 문화(*The Culture of Education*)(1996)라는 책에서, 브루너는 가난한 집안이지만 읽기나 쓰기, 다른 것들에서 성취를 이루는 학업적인 것들을 보여 주는 10~11세 아동들에게 기회를 제공함으로써, 또한 아이들이 공동체에서 소중한 구성원이라는 것을 느끼게 해 줌으로써 헤드 스타트의 목표를 넘어선다고 그가 믿는 한 프로젝트를 묘사하고 있다. 오클랜드 프로젝트는 오클랜드에 있는 한 학교이면서 그 지방 전체에 퍼져 있는 학교 컨소시엄의 중심이다. 브루너가 방문했던 어떤 날에 아이들은 알래스카에서 일어난

엑슨 발데즈 기름 유출 사건의 여파에 대해 공부 중이었는데, 그들은 계획을 제안하기 위해 공부 중이었다. 누구나 그 제안이나 아이디어가 아무리 터무니없거나 신중하지 못해도 의견을 낼 수 있었다. 누군가가 새들의 날개에 묻은 오일을 닦아 내기 위해 땅콩버터를 사용할 수 있다고 제안했다. 모든 아이디어는 진중하게 고려되었다. 어떤 것도 웃어 넘겨지지 않았다. 브루너에게 있어서, 이것은 평등한 접근이었고 그는 이것을 '공유를 통해서 가르치기(teaching by sharing)'라고 불렀다(1996: 77).

- 비비안 페일리(Vivian Gussin Paley)는 엄청난 감성과 성실성을 지닌 교육학자이다. 그녀의 유치원 학급에서는 아이들이 종종 규칙을 만들지만 한 아이가 다른 아이를 다치게 하면 페일리의 규칙이 즉시 작동한다. 그러한 규칙은 다른 이들을 자신들의 그룹이나 놀이로부터 제외시키는 아이들의 일반적인 행동에 반대한다. 아이들에게 이것에 대해 말해 줌으로써 그녀는 그 아이들이 자신의 행

동이 다른 이들에게 끼치는 영향을 적극적으로 탐색할 수 있게 한다. 종종 그룹 내부에 있는 아이들이 바깥에 있는 아이들을 배척하는 것을 실제로 볼 수 있다. 페일리는 그녀의 교실 안에서 점잖은 사회를 만들고자 한다. 기본적인 기술들에 대해서는 별로 강조하지 않지만 아이들은 어떻게 세계가 작동하고 그 세계 속

비비안 페일리(1921~2002)
유치원과 초등학교 저학년 교사, 유아교육연구가.

에서 자신들의 위치가 어디인지 탐색하면서 놀고 떠들고 행동하고 말한다.

나는 서너 살짜리 아이들의 비밀을 밝히기 위해 이 교실에 왔다. 그러나 아이들은 대화 중에는 좀처럼 비밀을 드러내지 않는다. 대신, 그들은 그들의 정체를 바꾸거나 숨겨진 장소 속으로 숨어 달아난다. 그들은 암호로 말하고 보이지 않는 적으로부터 달아난다. 그들은 내가 예측할 수 없는 판단에 의존하는 해결책을 가진 문제들을 만들어 낸다. 1년 내내 그 네 살배기들은 나쁜 아이들을 저지할 명령들을 발표한다. 그들이 법을 만드는 것은 매우 놀랍다. 내가 만약 그 정도로 규칙을 부과한다면 아이들은 당황해서 물러날 것이다. 하지만 아이가 너무 많은 것을 제안하는 건 불가능할 텐데…. 나는 그들의 환상 놀이를 기록한다. 왜냐하면 그것이 바로 아이들이 그들의 상상과 논리, 기쁨과 호기심, 그들의 불길한 느낌과 공포를 표현하는 직관적 언어인 비밀 메시지들의 주요 저장소이기 때문이다. 교실 내에서 질서를 유지하는 대가로 나는 유치원 교실이라 불리는 사적인 연극과 보편적인 연극이 매일 벌어지는 곳에 참석할 특권을 얻는다.

(Paley, 1988: vii)

우리는 이것을 내러티브를 통해서 가르치는 것이라고 부를 수도 있다.

- 레지오 에밀리아에서 가장 유명한 신생아와 걸음마기 아이들을 위한 센터 중 하나인 파블로피카소유아센터에서는 아이들이 운 좋게도 그 도시의 숲이 우거진 곳에서 지낼 수 있다. 직원들은 아

이들이 그들의 운동장을 '더 깨끗하게' 보이도록 하기 위해 운동장에서 돌, 막대기, 나뭇잎 같은 것을 찾아내 모은다는 걸 알았다. 그들은 체리 나무를 지켜보고 탐험하는 데 시간을 보내고, 개미들의 행렬에 매혹된다. 엠마누엘은 "우리 할아버지가 체리를 따서 바구니 안에 넣었어요…. 그리고 난 체리를 먹었어요."라고 말했다. 그리고 오로라는 "그건 초인종이에요. 개미들이 사는 곳에서 울리죠. 개미들이 사는 언덕이 있네요. 개미들이 여기, 여기 있어요. 개미들이 문을 열었고 여기에는 개미들을 위한 굴이 있죠. 안에 작은 도마뱀도 들어 있나 확인하려고 긁어 봐요."라고 말한다. 그 직원은 아이들이 말한 것을 녹음하고 아이들이 하는 행동을 계속 찍었다. 그들은 그들이 구성 연구(compositional research)라고 부르는 것에 관심이 있었고 아이들이 운동장에서 찾은 물건을 가지고 만든 패턴과 흔적에 집중하는 것을 선택했다. 그들은 이것들 중 몇 개를 센터로 가지고 돌아와 무슨 일이 일어나는지 보기로 결정했다. 그들은 몇 조각의 강철, 고무 또는 세라믹과 같은 인공적인 것들도 넣었다. 그러고 나서 그들은 걸음마기 아이들이 그룹과 패턴, 흔적을 만들 때 전략을 쓴다는 것을 발견했다. 그들은 아이들이 모양과 색, 대칭과 상응, 반복과 정렬 그리고 단절과 같은 것들을 쓴다는 것을 발견했다. 그들은 이 프로젝트를 정리해서 *We Write Shapes That Look Like a Book*(Cavallini, 2008)이라는 책으로 펴냈다. 그들이 아이들에 대해 어떠한 큰 기대를 가지고 있었는지 그리고 아이들이 얼마나 잘했는지는 그들에게 달려 있다.

이것이 이 장의 제목인 '재기 넘치는 놀라운 아이들'과 무슨 관련이 있는지 궁금할 수도 있겠다. 이것은 아기들과 유아들이 적극적인 의미 구성가로서, 물체의 세상에 대한 이해만이 아니라 사람들의 세상에 대한 이해도 한다는 점을 우리가 인식하게 되는 중요성과 관련이 있다. 그리고 아이들과 함께 있는 어른들은 아이들이 이것에 대해 어떻게 착수하는지 깊게 주의를 기울여야 한다. 그들의 상호작용과 행동을 통해 아이들은 다른 사람들도 마찬가지로 마음을 가지고 있다는 것을 깨닫는다. 그들은 또래들과 다른 사람들이 그들 자신만의 감정과 생각과 아이디어를 갖고 있다는 것을 알게 되는데, 놀라운 것은 그들이 이것을 아주 어린 나이일 때부터 알게 된다는 것이다. 그리고 이것이 유아기에 시작되는지는 고려해 볼 만한 가치가 있다.

가족 드라마 내 주도자로서의 유아

우리가 말했듯이 아이들은 사회적이고 복잡한 세계에서 태어나 유아기 때부터 참여자이자 주도자로서 이 세상에서 살아간다. 그들은 영웅, 희생자, 공모자, 옳은 쪽에 선 자, 잘못된 쪽에 선 자, 비난 받는 자, 칭찬 받는 자 모두 될 수 있다. 그들은 행동을 이끌 수도 있고 다른 사람의 행동을 따라갈 수도 있다. 아이는 매우 일찍부터 일상 가족생활이라는 드라마 속에서 다른 역할을 취하는 것을 배워 간다. 이것은 아이가 어떠한 역할을 떠맡게 되기 전이나 행동을 억제하는 규칙을 배우기 전부터 일어난다. 아이는 무엇이 허용되고 안 되는지 알게 되며, 무엇이 가능하고 불가능한지 행동해 봄으로써 알게 된다. 처음에 아이는 참여하기 위해 말로 하는 언어를 필요로 하지 않는다. 행동을 말로 표현하는 능력은 나중에 획득된다. 가족의 한 구성원으로서 유아는 그들의 부모나 형제자매로부터 자신의 행동에 대한 이야기를 듣게 된다. 그리고 브루너는 이러한 것들이 바로 그가 말하는 '친숙한 버크의 다섯 가지 요소(the familiar Burkean pentad)'라고 말한다. 이것이 의미하는 바는 모든 삶은 한 편의 드라마로 볼 수 있으며 이 드라마 속 사람들(아이들, 부모, 조부모 등)의 동기를 두 가지 관점에서 봄으로써 사람들의 동기가 무엇인지 알 수 있다는 것이다. 그 두 가지 관점은 바로 행위와 대화(discourse)이다(그들이 무엇을 하는가와 무엇을 말하는가이다). 이 용어는 케네스 버크(Kenneth Burke)에 의해 연극과 드라마의 관점에서 만들어졌는데, 그는 여기서 5개의 요소를 제시하고 그 동기를 말한다. 그 요소들은 다음과 같다.

1. 누구(또는 행위자) : 누가 이 행동에 연관돼 있으며 그들의 역할은 무엇인가?
2. 무엇(또는 행위) : 실제로 무엇이 일어났는가? 어떤 행동인가? 어떤 일이 진행되고 있는가?
3. 어디서 그리고 언제(또는 배경) : 어디에서 일어나는가? 배경은 무엇인가?
4. 왜(또는 목적) : 왜 행위자나 연관된 사람들은 그런 행동을 하는가? 그들이 원하는 것은 무엇인가?

5. 어떻게(또는 방법/수단) : 연관된 자들은 어떻게 행동하는가? 그들이 실제로 하는 건 무엇인가?

이것은 이해하기 어렵지만, 몇몇의 짤막한 글들이 의미를 분명하게 해 줄 수 있다. 이것들은 던(Dunn)의 연구에서 따온 것들이다.

● 21개월 된 유아가 우유를 흘리고 엄마에게 그것을 보여 준다.

아이 : 봐. 봐. 봐. 달. 저기 달. 달.

엄마 : 달이 어디 있어?

아이 : [들리지 않음] … 달. … 달. 저기 햇빛.

엄마 : 아니야! 카펫에 우유가 쏟아진 거잖아.

(Dunn, 1988: 19)

여기에서 엄마가 어떻게 언어적 코멘트를 하는지(또는 무슨 일이 일어나는지에 대해 말하는지) 알 수 있다. 그리고 던에 의해 인용된 모든 예문에서처럼, 이것들은 종종 아이들에 의해 명확하게 잘 받아들여지지 않는 행동의 원인이나 결과를 가리키기도 한다.

● 이것은 3살짜리 아이가 엄마가 요리를 하기 위해 준비하는 동안 그녀의 자매와 같이 부엌에 있는 상황이다.

엄마 : 너희 둘 가서 손 안 씻을래? … 가서 손 씻어라.

아이 : 엄마 손은 왜 안 씻어요?

엄마 : 음, 너희 둘이 음식을 할 거잖아.

여기에서 엄마의 반응은 아이가 규칙의 목적을 이해하기 시작하는
데 도움을 준다(요리하는 사람의 손은 깨끗해야 한다). 이 아이는
규칙의 적용에 대해 질문하는 중이다. 그녀는 규칙이 종종 몇몇에
게는 적용될 수 있지만 다른 사람들에게는 아닐 수 있다는 것을 아
직 모른다. 엄마는 이야기를 해 줌으로써 아이의 이해를 돕는다.

(Dunn, 1988: 35)

- 여기에서 아이는 28개월이며, 머리 위에서 그녀(관찰자)가 펜을 잃
  어버렸다는 사실을 다른 사람이 말하는 것을 듣는다.
  아이 : [관찰자에게] 당신은 펜을 잃어버렸어요. 펜을 잃었어…. 근
  데… 다른 펜일 수 있겠다. 집에서 펜을 못 찾았어요?

(Dunn, 1988: 133)

던의 분석에 따르자면 이 아이는 어른들과 다른 사람들이 실수한다
는 사실에 흥미로워한다. 그녀는 그녀가 사는 사회적 세계를 이해하
기 위해 노력하느라 바쁘다.

이러한 짧은 글들은 그들 삶의 모든 측면을 활발하게 이해하려 하
는 아이들에 대한 놀라운 예들을 보여 준다. 던은 어린아이들과 유아
들이 그들의 의도와 감정을 공유하는 것과 그들의 사회를 묶어 주는
사회적 규칙을 이해하는 것을 배울 필요가 있다고 제안한다.

실천을 위한 함의

1. 브루너는 인간 유아들이 출생부터, 혹은 아마도 그 이전부터 능력을 갖고 태어나는 유능한 존재로 간주될 필요가 있다고 주장한다. 어린아이들과 일하는 사람들은 아기들과 유아들이 이러한 능력에 대해 증거를 보여 주는 방법에 주의를 기울여야 한다. 그래서 우리는 그들이 무엇에 주의를 기울이고 있는지 지켜보고 알아차려야 한다. 우리는 그들의 표정 변화, 그들 관심의 초점 변화, 호흡률 변화, 어떤 다른 생리학적 특징의 변화에 주의를 기울여야 한다. 가능하다면 우리는 우리가 보고 듣는 것에 주목해야 하고 그들이 우리에게 무엇을 말하는지 생각해야 한다. 이것은 보람 있으면서 동시에 흥미로운 사실을 드러낼 수 있다. 이것은 분명히 시도해 볼 가치가 있다. 여기에 부모들이 쓴 성장 일기로부터 나온 몇몇 관찰늘이 있다.

> 다이앤(3주) : '잭과 내가 수다를 떨 때마다 아기가 반응하는 것처럼 보였다. 그녀는 몸을 약간 꼿꼿이 세우고 우리 쪽을 쳐다봤다. 마치 뭔가 중요한 일이 일어나는 것처럼 말이다. 나는 이런 것들에 대해 읽어 봤으며 그것은 사실이다. 그녀는 정말 우리의 목소리에 반응한다.'(Karmiloff-Smith, 1994: 39)

> 벤지(10주) : '그는 내 얼굴을 많이 쳐다보는 것처럼 보인다. 그러나 단지 내 얼굴만은 아니다. 라즈가 그를 안아 올릴 때, 그는

그의 얼굴도 쳐다본다. 내가 그를 유모차에 태워서 공원으로 데려갈 때도 그는 사람들이 유모차를 볼 때 그 사람들의 얼굴을 본다. 그는 다른 어떤 것보다도 얼굴을 찾는 것을 가장 흥미로워하는 것처럼 보인다.'(Karmiloff-Smith, 1994: 42)

이탈리아의 레지오 에밀리아의 놀이방에서 유아들의 매일매일의 점진적 향상을 기록하는 것은 널리 알려지고 가치를 인정받는 관습이라는 것은 기억할 만하다. 그곳에 있는 직원들은 일하고 공부하는 부모들이 자신의 아이들의 일상에 대한 상세한 묘사를 받는 것에 정말로 감사한다는 것을 안다.

2. 아이들은 능력이 있을 뿐만 아니라, 매우 잘 소통한다. 그들은 삶의 처음 몇 년간 교류하고 소통하는 데 엄청난 시간을 쓴다. 의사소통은 말하는 언어에 좌우되지 않고 제스처나 표정, 소리, 몸짓언어 그리고 교환의 다른 수단들을 통해 이루어질 수 있다. 우리는 어린아이들이 소통하고 적절하게 반응하기 위해 노력하는 방법에 주의를 기울여야 한다. 이것은 매우 합리적이고 단순하게 들리지만 처음 보기보다 복잡하다. 아래에 있는 것은 두 개의 동일한 에피소드인데, 하나는 엄마가 적절하게 반응하는 것이고 다른 하나는 엄마가 덜 적절하게 반응하는 것이다. 그리고 도움이 되지 못하는 쪽으로 반응하는 예에서 자신을 인식하는 것이 당연하다. 양쪽 어느 예에서도 어떤 곳에서도 엄마에 대한 비판이 암시되어 있지는 않다.

그녀는 그녀가 속한 환경에서 그녀가 할 수 있는 최선의 반응을 했다. 이 예들은 단지 여러분이 어떻게 반응할지를 고려하는 것을 돕기 위해 제공되었다.

오스카(15주) : 오스카가 침대에서 자고 있다. 그는 우유를 먹었고, 따뜻하고 뽀송뽀송하고 건강하다. 10분 후 그는 악을 쓰며 울기 시작한다. 그의 엄마가 방 안으로 들어가서 그를 안아 올리고 껴안으며 말한다. "오, 아가야! 무슨 일이야? 배가 아프니? 배가 안 아프게 좀 문질러 줄까?"

오스카(15주) : 오스카가 침대에서 자고 있다. 그는 우유를 먹었고, 따뜻하고 뽀송뽀송하고 건강하다. 10분 후 그는 악을 쓰며 울기 시작한다. 그의 엄마가 방 안으로 들어가서 그를 안아 올리고 껴안으며 화난 어조로 말한다. "그만해, 좀! 더 이상 네 침대 시트를 바꿔 주진 않을 거야!"

아이들이 이미 말할 수 있게 되었을 때, 반응은 더 쉬워지지만 사실 어른들의 반응은 종종 아이들의 관심사에 초점이 맞추어져 있지 않다. 이것은 부모들보다는 교사나 연구자에게 더 해당되는 말이다. 집에서 일어나는 매일의 상황에서의 교환은 공통된 관심사나 행사에 관한 것이기 쉽다. 연구자로서 우리가 해야 할 일은 아이들에게 그들이 소통하고자 하는 것에 우리가 관심을 기울이고 있다는 것을 보여 주는 방식으로 반응하려고 노력하는 것이다.

3. 브루너는 유아와 아동들은 가설 생성자라고 말한다. 이것은 그들이 만나는 사람과 사물에 대해 스스로에게 질문한다는 것을 의미한다. 그들은 왜, 어떻게, 어디에서 사건들이 일어나는지 등등을 묻는다. 아이들과 관련된 곳에서 일을 하는 우리는 함축된 질문을 알아차려야 하며 임의대로 하는 것처럼 보이는 행동들을 이해하는 수단으로서 그것을 사용해야 한다.

여기에 이것을 예증해 줄 몇몇 예가 있다. 괄호 안에 있는 코멘트들은 내가 쓴 것이다.

카메론(9개월 반) : 그는 장난감을 떨어뜨릴 때 그것을 잘 보고 있다.(그의 질문은 아마도 '이게 어디 갔을까?'일 것이다.) 나는 그가 높은 의자에 앉아 있을 때 그에게 한 바구니의 장난감들을 준다. 그러자 그는 장난감들을 하나씩 집어서 고의로 그것들을 떨어뜨린다. 그러고 나서 그것들을 찾는다. (그의 질문은 아마도 '이것들이 모두 땅으로 떨어졌을까? 모두 같은 방식으로 움직일까?'일 것이다.) (Karmiloff-Smith, 1994: 111)

하프릿(12개월경) : 그녀는 야외에서 큰 욕조에 담기는 것을 좋아한다. 구멍이 없는 숟가락 하나와 좁고 긴 구멍이 뚫려 있는 숟가락 하나를 주면, 그녀는 각각을 들어 올리고 무슨 일이 일어나는지 주의 깊게 본다. (그녀의 질문은 아마도 '왜 물이 하나에서는 나오고 다른 쪽에서는 나오지 않을까?'일 것이다.)(개인

적 관찰)

라일라(3년 2개월) : 그녀는 물건을 이곳저곳으로 옮기는 걸 좋아한다. 그녀는 잔가지와 나뭇잎들을 그녀의 바구니에 모아서 정원에서 오두막으로 가져간 뒤 그것들을 풀어 놓는다. 그러고 나서 더 가지러 나간다. 그리고 그녀는 방 안으로 가져온 것들을 다시 밖으로 옮긴다. (그녀의 질문은 아마도 '내가 여기 있는 모든 것을 이 바구니 안에 담을 수 있을까? 바깥에서 그런 것처럼 안쪽에서도 똑같을까?'일 것이다.)

이와 같은 행동은 종종 이러한 반복되는 패턴의 행동들을 스키마라고 불렀던 피아제의 연구에 대해 언급하면서 묘사된다. 피아제는 이것들을 사고의 증거라고 보았다.

4. 브루너는 인지발달이 자기주도와 상호작용, 이 두 가지에 의존한다는 점을 분명하게 밝혔다. 우리는 이전의 장에서 상호작용의 실제가 가지는 의미에 대해서 살펴보았다. 자기주도는 유아나 아이에게 무엇을 할 것인지에 대한 통제력을 갖도록 하는 것이며, 이것은 우리의 일과 관련해 큰 의미를 가진다. 많은 환경에서 너무 공식적인 접근이 주를 이루는데, 아이들이 무엇인가를 하도록 요구 받는다 (이름을 쓰거나, 셈을 하거나, 물건을 분류하거나, 그림에 색칠을 하는 것 등등). 아이들은 무엇을 할지 그리고 어떻게 그것을 해야

할지 그리고 누구와 함께 그것을 할지 선택할 기회가 필요하다. 다른 말로 하자면, 아이들은 그들 스스로 세운 가설에 대답하기 위해 그들 스스로가 흥미 있어 하는 것을 할 수 있도록 장려되어야 한다. 그들은 놀아야 할 필요가 있다.

5. 브루너의 몇몇 초기 연구는 의도에서 벗어나 선의이기는 하지만 사회의 불평등한 면을 시정하려는 시도로 대규모로 적용되었다. 브루너에게 있어서 몇몇은 매우 쓸모가 없었고 그는 **결핍 모델에서는 교육과 육아 프로그램이 작동하지 않을 것**을 깊이 우려했다. 모든 아이는 독립된 개체이고, 그들은 모두 다른 환경에서 자랐으며 다른 경험과 가치, 시스템, 신념, 언어와 문화를 가지고 있다. 교육자들과 연구자들은 어떠한 경험이나 문화와 관련해서도 가치 판단을 하지 않아야 한다. 그러한 판단은 학생과 그의 가족들의 자존심에 크게 나쁜 영향을 미칠 수 있다. 그것보다는 그들 학생의 경험, 언어, 문화에 대해 가능한 한 많이 알려고 노력해야 하며, 그 아이가 그것을 쌓을 기회를 제공해야 한다.

나가기 : 되돌아보기, 미리 보기

이 장에서는 브루너의 아이디어가 영아(baby) 연구에 관한 그의 관심에서 생겨났다는 것을 살펴보았다. 우리는 신생아들의 능력에 대한 그의 아이디어를 검증하는 것에서 시작해서 이 연구의 결과들 중 하나를 살펴보았다. 유아의 능력에 관한 브루너의 연구 결과들은 미국 정부가 일부 아기들이 어떻게 '결핍'되는지를 알고 이것을 보상할 방법을 찾게 했다. 그리고 그 연구 결과는 우리가 기대라는 사안을 살펴보고 교육자들과 양육자들의 기대가 어떻게 가족들에게 직접적인 영향을 미치는지 살펴보게 했다. 그러고 나서 가족이라는 직접적인 환경 내부에서 유아들이 역할 수행자이자 규칙 형성자로서 행동하는 것을 보았다. 이 모든 것이 우리의 연구 실제에 영향을 끼쳤음을 함축하며 이 장을 끝내고자 한다.

이제 다음 장에서 구어의 발달과 습득에 대해 살펴보자.

제 **5** 장

의사소통하기에서 **말하기**로

들어가기

이 장에서는 언어 그 자체와 유아들이 어떻게 언어를 습득하는지, 여기에 다른 사람들은 어떤 역할을 하는가에 대한 브루너의 생각을 검토하려 한다. 먼저 유아들이 언어를 통해 문화를 습득하기 전까지는 어떠한 인지적 기술로 문화를 습득하는지에 대한 브루너의 생각을 알아보는 것으로 시작한다. 나아가 브루너의 견해가 전개될 수 있었던 기초를 제공한 촘스키와 다른 이들의 견해를 먼저 살펴볼 것이다. 그다음에는 언어 습득에 있어서 타인의 필수적인 역할을 살펴볼 것인데, 그중에서도 엄마 혹은 주 양육자의 역할을 살펴볼 것이다. 우리는 이것을 의식, 일상, 게임과 놀이의 영역에서 알아볼 수 있다. 이장은 우리가 그 모든 것을 실행할 수 있도록 도와주는 암시와 관련된 내용으로 끝맺는다.

초기 인지 재능

브루너는 '타고난 초기의 인지 재능(initial cognitive endowment)'이라는 말을 기술(skills), 지각, 그리고 문제해결능력을 의미하는 것으로 사용했는데, 실험실 테스트는 그것이 유아들의 언어 학습을 가능케하는 선행요인이라고 했다. 하지만 그는 그 실험실 테스트가 문화의 영향을 받지 않는 것으로 보이는 장소에서 행해진 것이며 너무 신뢰해서는 안 된다고 주장한다. 문화와 환경은 모든 인간 유아와 그들의 학습, 발달에 매우 중요하기 때문이다. 그는 이 연구로부터 얻은 네 가지 결론을 이야기하는데, 차례로 검토해 보자.

1. **유아기에 작용하는 인지처리 과정의 많은 부분은 목적지향적인 행동의 도움을 받는다.** 간단히 말하자면, 이것은 인간 유아들이 활발하게 그들 주변의 세계에 있는 규칙성과 패턴을 찾아낸다는 증거이며, 이런 식으로 인간 유아들은 다른 종의 새끼들하고는 구별된다. 이를 설명하기 위해 브루너는 소위 '비영양적 빨기(non-nutritive sucking)'에 관한 이야기를 하는데, '비영양적 빨기'란 음식을 섭취하기 위한 목적 외의 빨기를 의미한다. 여러분은 모든 포유류가 초유 수유와 주 양육자를 향한 애착과 세상과의 감각적인 접촉 같은 것들을 수용하는 과정들을 가지고 태어난다는 것을 알고 있을 것이다. 그는 유아들이 과민 반응하는 것을 막도록 이것들이 모두 잘 완화되어 있다고 말한다. 아기는 젖을 먹기 위해 젖을 빨 뿐만 아니라 손가락이나 플라스틱 젖꼭지같이 영양가가 없는 것들을 빨기도 한다. 이 비영양적 빨기는 유아를 보호하는 역할을 하는데, 그것이 근육조직을 진정시켜서 유아를 평온한 상태에 있게 하기 때문이다. 이런 행동은 고유한 것이거나 타고났을 가능성이 있다. 그러나 태어난 지 몇 주가 지나자마자 유아들은 그들의 빠는 행동을 조절할 수 있게 되고, 우리가 이전 장에서 아기들이 이미지

를 더 잘 파악하기 위해 빨기와 보기를 결합시키는 모습에서 봤듯이, 유아들은 그들의 목적을 충족시키기 위해 빨기를 이용할 수 있게 된다. 그러한 타고난 행동은 아기의 통제하에 목적지향적인 활동이 된다. 파푸제크는 태어난 지 10주가 안 된 아기들이 그들의 관심을 끄는 빛줄기를 보기 위해 고개를 돌리는 법을 배울 수 있다는 것을 보여 주었다. 그들은 패턴을 인지하고, 무엇이 일어날지를 예측하며, 무언가에 익숙해지고 나서는 지루해하고 마침내는 그들의 행동을 바꾼다. 아기들은 무언가를 하기 위해서 행동을 조절할 수 있다. 우리는 다시 놀랍고 똑똑한 아이들에 대해 다룬다.

2. 두 번째 결론은 유아들의 처음 1년 반 동안의 행동이 얼마나 많이 사회적이고 소통적인가를 보여 주는 증거에 관한 내용이다. 이것은 유아 행동의 가장 강력한 강화인자가 긍정적인 사회적 반응, 예를 들면 미소, 포옹, 입맞춤 혹은 긍정적인 말 같은 것임을 보여 주는 중요한 증거이다. 반대로, 사회적 반응의 억제는 엄청난 고통을 야기할 수 있으며 아기를 울게 하거나 떼쓰게 할 수 있다. 태어나서 처음 몇 달 안에 유아들은 얼굴 표정과 다른 동작을 모방할 수 있고, 엄마가 수유 중에 마스크를 쓰고 있으면 스트레스를 받아 반응한다는 것을 보여 준다. 만약 아이와 놀아 주는 엄마나 돌보는 사람이 웃지 않으면, 아이도 대화 중에 훨씬 심각해진다. 주 양육자와 아이 간의 대화가 사실상 듀엣(이중창)과 같다는 실험 결과도 있다. 아기는 양육자의 심장박동의 변화, 목소리 높낮이의 변화, 얼굴

표정의 변화 같은 것들에 반응할 것이다. 그에 따라 양육자는 아기의 그런 반응에 반응하고 이런 과정이 되풀이된다.

3. 세 번째 결론은 처음 읽으면 매우 직설적으로 들린다. 그것은 유아 행동의 대부분이 억제되고 친숙한 상황에서, 주로 집에서 이루어지며, 이 행동은 지시 받은 것이거나 조직적인 것을 특징으로 한다고 한다.

여러분은 대부분의 유아들이 많은 시간을 집과 지역사회의 안전하고 지지적인 환경에서 보낸다는 것을 알고 있을 것이다. 또한 여러분은 그들이 대부분의 시간을 한정된 일을 하며 보낸다는 것도 알고 있을 것이다. 그들은 먹고, 자고, 보고, 듣는다. 그다음에는 손을 뻗고, 쥐고 잡고, 치고, 떨어뜨린다. 그리고 반복과 연습이 일상적인 행동으로 보인다. 여기에 여러분이 이러한 행동을 인식하는 것을 도와줄 몇 가지 상황 묘사가 있다.

- 미나는 어린이침대 너머의 모빌과 아기의 발을 연결하도록 리본을 묶었다. 아기가 처음에 그냥 발차기를 했을 때 모빌이 움직였다. 그래서 아기는 계속 발차기를 했다. 잠시 후, 미나는 아기가 보는 데서 아기의 발에서 리본을 풀었다. 아기는 모빌이 움직이지 않는데도 불구하고 발차기를 계속했다.
- 레자는 플라스틱 용기를 한 손에서 다른 손으로 옮겼고 이것을 20번 반복했다. 그의 시선은 그가 이 행위를 할 때 플라스틱 용기에 고정되어 있었다.

- 이샤는 꽃, 나뭇잎, 그녀의 그릇과 숟가락, 그녀의 장난감, 그녀의 스카프 등 모든 것을 땅에 던진다.

4. 네 번째 결론은 유아의 조직적인 행동이 극도로 그리고 놀랍게도 추상적이라는 것이다. 브루너는 태어난 후 1년 동안 관찰된 유아들의 행동이 그들이 공간과 시간 그리고 심지어는 인과관계까지 다루는 규칙을 만들어 냈다는 것을 보여 준다고 말한다. 여기 이를 뒷받침할 연구 결과가 있다.

- 가리개 뒤에서 형태를 바꿔서 가리개의 다른 쪽으로 나왔을 때 달라 보이는 움직이는 물체를 보여 줬을 때 아기는 놀란다. 아기의 규칙은? 물체는 시야에서 가려졌을 때에도 형태가 변하면 안 된다.
- 원격조종 자동차가 그것을 움직이게 하는 것이 아기에게 보이지 않은 채 움직일 때 아기는 놀란다. 아기의 규칙은? 물체는 무언가가 그것을 움직이지 않으면 스스로 움직일 수 없다.

그의 분석에서 브루너는 피아제의 연구를 인용했는데, 피아제는 아이들이 어떻게 논리적인 사고로 나아가는지에 대해서, 그리고 아이들은 논리적인 사고를 하면서 불변하는 (혹은 변하지 않는) 물체와 변하는 물체를 찾는다고 말한 사람이다. 이렇게 하면서 아이들은 자신이 인지한 것을 설명하기 위해 규칙을 만들고 적용시킨다.

우리는 위에서 유아들이 사용하는 두 개의 규칙을 보았다. 물체는 설령 그들이 시야로부터 감춰졌다고 해도 형태를 유지해야 한다는 것과 도움 없이는 물체 스스로 움직일 수 없다는 것이다. 이러한 규칙 만들기는 다음의 내용을 이해하는 데에 중요하므로 기억해 두면 좋다. 유아들이 태어나서 마주치는 체계 중의 하나는 언어의 상징체계인데, 그것은 규칙에 의해 지배된다. 이러한 추상화 과정은 유아들이 세계와 그 안에 있는 사람과 물체에 관한 가설을 세우는 데 기초적인 역할을 한다.

이렇게 우리는 실험실의 혹은 문화의 영향을 받지 않는 연구가 보여주는 것을 배웠다.

- 유아들은 실재를 적극적으로 구성하는 주체이다.
- 그들은 매우 사회적이다.
- 그들의 최초의 행동과 상호작용은 질서정연하고 체계적이며 친숙한 환경에서 일어난다.
- 그들은 특성상 추상적인 것으로 간주되어야 하는 사고에 관여한다.

브루너의 '네 가지 재능(four endowments)'은 수단-목적 준비성, 교호성, 체계성 그리고 추상성이라고 불린다. 그 네 가지는 아이들의 언어 습득을 돕는 필수적인 과정이다(Bruner, 1983b: 30). 이 네 가지 재능들은 아이에게 언어를 직접적으로 가르치진 않지만 아이로 하여금 언어에 필요한 규칙을 만들어 내는 비언어적 경험을 쌓도록 해 준다. 이것은 복잡하고 언어는 풀어내기가 어렵다. 하지만 읽어 가다 보면 브루너가 말한 것을 이해할 수 있게 될 것이다.

언어 배우기 : 똑똑하고 놀라운 아이들이 말하기 시작한다

여러분은 거의 모든 아기들이 1년 정도 되면 의사소통을 위해 말을 사용한다는 것을 알고 있을 것이다. 말문이 트이는 것을 방해하거나 지연시키는 어떤 인지적 혹은 청각적 장애를 가진 아기들은 예외다. 우리가 아는 것은 정상의 유아들은 특별한 수업이나 가르침 없이도 모국어의 어휘와 문법을 배운다는 것이다. 이것이 어떻게 일어나는가는 여전히 서로 다른 학파들 사이의 격렬한 토론 주제이며 브루너의 흥미를 끌기도 하고 그를 힘들게 하기도 하는 문제이다.

그는 기원후 4세기라는 매우 오래된 과거에서부터 시작해서 언어 습득에 관한 생각을 도표로 나타냈는데, 성 아우구스티누스의 성문집을 참고했다. 성 아우구스티누스는 그 자신의 경험에 주장의 근거를 두었고 그가 언어를 배울 때 일어난 일이 어떤 것이었는지 다음과 같이 말하고 있다. 그는 주변에 있는 어른들이 물체를 그 이름으로 부르는 것을 들었고 누가 그 물체의 이름을 부르는 것을 들었을 때 그 물체를 응시했다. 그리고 각기 다른 문장들 속에서 그 말을 들은 후에, 그는 점차 그 단어가 의미하는 것이 무엇인지 이해하기 시작했고 그 단어를 말할 수 있게 되었다고 한다. 이것은 그 먼 옛날의 사람이 써 놓은 생각이라고 하기에는 매우 흥미롭다(특히 그것이 분명히 문맥을 중요한 것으로 여기기 때문에). 하지만 여러분은 금방 그것이 엄청나게 복잡한 과정에 대한 매우 제한적인 설명이라는 것을 알아차릴 것이다. 그것은 주로 명명하기, 반복하기, 그리고 모방에 대한 것이다. 이러한 생각은 수십 년 동안 인기를 끌었고, 가장 유명한 지지자는 스키너였다. 브루너에 의해 철저하게 비웃음당한 인물인 스키너는 때때로, 아이를 보상을 받거나 그렇지 않은 경험에 의해 쓰이기를 기다리는 유명한 빈 서판(blank slate)으로 본 것으로 묘사된다. 그에게 있어서 학습의 본질은 '정확한' 반응에 의한 강화였다. 양육자나 부모에게 올바르다고 감지된 말을 하는 아이는 아마도 포옹이나 미소로 보상 받는데, 이것은 아이로 하여금 그 이후의 상황에서도 같은 반응을 하도록 하는 효과가 있다. 여러분은 이것이 얼마나 제한된 접근인지를 알 수 있을 것이다.

주로 촘스키가 언어 습득에 관한 이런 간단한 견해에 도전했다. 그는 아이들이 언어를 습득하는 방법에 대한 완전히 새로운 질문을 제기했고, 그 자체로 복잡하고 설득력 있는 그의 새로운 이론을 재촉한 것이 바로 이 질문들이다. 그는 다음과 같은 질문을 제기했다.

- 유아들은 어떻게 단어를 다른 사람들이 이해할 수 있는 문장으로 결합할 수 있게 되는가?
- 유아들은 어떻게 그들이 이전에 들어 보지 못한 구나 문장을 말할 수 있게 되는가? 만약 언어 습득이 주로 모방에 기초하고 있다면

이는 가능하지 않을 것이다. 왜냐하면 아이들이 모방한 그 누구도 이러한 구나 문장을 말한 적이 없었을 것이기 때문이다. 한 예로, 'I seed it and I feeled it and it is not a dog.'이 있다.

- 유아들은 그 언어를 유창하게 말하는 사람이 그러한 실수를 하는 것을 한 번도 들어 본 적이 없는데도 불구하고 왜 그들의 언어와 관련한 실수를 하는가?

노암 촘스키(1928년 생)
미국의 언어학자, 생성문법이
론의 창시자.

브루너는 이러한 질문에 대한 촘스키의 대답이 생득설에 근거한다고 말한다. 이는 촘스키가 정신/마음이 외부의 원천에서 유래된 것이 아닌 고유한 생각을 만들어 낸다고 믿었음을 의미한다. 촘스키는 언어의 구조에 관심이 있었다. 그리고 그의 이론은 인간 유아가 언어를 이해하도록 하는 장치(보이거나 감지할 수 있는 것이 아니라 개념상의 장치)를 타고난다는 것이다. 그는 이 것을 언어 습득 장치(LAD)라고 일컬었고 그것의 토대는 인간이 학습에 의해서가 아니라 생득적으로 알게 되는 보편적인 문법(소위 언어의 심층 구조라고 한다)이라고 말했다. 언어(표면상의 구조)를 듣는 (혹은 후에 보는) 아이는 언어를 지배하는 규칙을 추상화할 수 있고 그 언어에서 가능한 말을 만들어 낼 수 있다. 여기서 규칙에 대한 개념으로 돌아가는 것은 중요하다. 모든 언어는 규칙의 지배를 받는다. 예를 들어 영어에서는 명사의 복수형을 만드는 규칙은 철자 /s/를 첨가하는 것이다. 하지만 비록 이것이 규칙이라고 해도 규칙에는 예외가 있다. 몇몇 단어들은 다른 방식으로 복수형을 취한다. 'child'의 복수형('children') 또는 'mouse'의 복수형('mice') 또는 'woman'의 복수형('women')을 생각해 보라. 영어에서는 이전에 일어난 일을 언급할 때, 즉 과거시제를 만들 때 동사에 어떤 변화가 일어나는지에 관한 규칙이 있다. 규칙은 동사에 '-ed'를 붙이는 것이다. 하지만 역시 예외가 있다. 'go'의 과거시제('went') 또는 'see'의 과거시제('saw') 또는 'fly'의 과거시제('flew')를 생각해 보라. 어린이들이 복수형과 과거시제를 처음 사용하기 시작할 때 그들은 처음에는 올바른 형태를 사용하는데, 이것은 어른들에게서 들은 적이 있어서 모방하는 것이다. 그 후에 그들은 그들이 만들어 낸 규칙들을 생각해 내서 보편적으로 적용하면서 잘못된 형태를 사용한다. 그들은 문법적으로는 옳지 않지만 규칙을 따르는 단어들을 말한다. 그들은 "The mouses goed into the hole."과 같이 말한다. 여러분은 아이들이 그 언어를 유창하게 말하는 사람이 그런 말을 하는 것을 들어 본 적이 없을 것이라는 사실을 깨달을 것이다. 그것이 촘스키가 말한 '새로운 발화(novel utterance)'이다. 그리고 이것은 모방만으로는 언어 습득을 설명할 수 없다는 것을 의미한다. 말의 순서, 억양의 패턴 그리고 다른 많은 것들에 관해 언급하는 규칙들이 있는데, 그것들은 모두 습득되는 특정한 언어에 직접적으로 연관되는 것이다. 영어는 많은 다른 언어들보다 과거시제의 종류가 적다. 웨일즈어의 억양 패턴은 영어의 억양 패턴과 다르다. 표준 중국어는 성조어이지만 영어는 그렇지 않다. 이것은 대단히 흥미로운 분야이며 여러분이 좀 더 자세히 읽어 볼 수 있는 부분이기도 하다.

브루너에게 이것은 극단적인 견해였지만 그것이 언어 습득에 관한 스키너의 더 간단한 설명에 빠져 있었던 세대를 해방시켰다는 점에서 매우 중요하다. 그것은 규칙 학습에 대한 관심을 집중시키고 새로운 이론의 가능성을 여는 데에 도움이 됐다. 이 지점이 브루너 자신이 언어 습득 장치(LAD)와 언어 습득 보조 장치(LASS)에 대한 대안과 추가연구를 가지고 무대로 들어선 곳이었다.

언어 습득 보조 장치

브루너는 촘스키의 체계가 언어 습득에서의 상호작용이 지니는 중요성에 거의 주의를 기울이지 않았다는 점을 염려했다. 언어의 발달은 확실히 두 사람 사이의 교섭과 관련이 있다. 의사소통이 이루어지려면 화자와 청자, '토의'의 공통된 주제, 그리고 다른 사람이 하는 행동이나 말에 참여하거나 주의를 기울일 능력이 있어야 한다. 브루너는 아이가 문법의 규칙을 만들어 낼 수 있기 위해서는 사회적이고 개념적인 경험이 바탕이 되어야 한다고 생각한다. 그는 이런 경험은 관례화된 익숙한 환경 혹은 그가 **포맷(format)**이라고 부르는 것 안에서 일어난 것임에 틀림없다고 말한다. 그의 언어 습득 보조 장치를 구성하는 것은 바로 이러한 관례화된 일상절차(routine)이다.

브루너는 그의 언어 습득 보조 장치(LASS)가 아이로 하여금 전언어적(prelinguistic) 의사소통에서 언어를 사용하는 의사소통으로 나아가도록 도와줄 수 있는 네 가지 방법을 제시한다. 각각을 살펴보자.

1. 성인은 익숙하고 틀에 박힌 서식 속에서 아이에게 알려져 있고 중요하며 기초적이고 간단한 문법적 형태를 가진 세상의 특성들에 주목할 수 있다. 서식은 언어의 예측 가능한 일과의 반복이다.

   - 자고 있는 아이를 들어 올리는 행동을 할 때 일상적으로 쓰는 "아이고, 이런" 혹은 다른 말을 하며 그러한 행동을 하는 것.
   - "엄마/아빠한테 바이 바이(혹은 그 아이의 모국어에 상응하는 말)하자"라고 하며 손을 흔드는 것.
   - 아기의 입으로 음식 한 숟갈을 가져가면서 "기차가 갑니다" 같은 말을 하는 것.

2. 성인은 친숙한 동작이나 음성 대신에 어휘나 구로 이루어진 대용어를 사용하도록 격려하고 모범을 보임으로써 아이를 돕는다. 이것은 아이들이 질문하는 법을 배우거나 요청 방식을 터득하는 것을 돕는다.

   - 아기가 테이블 위의 바나나를 가리키며 소리를 내자 어른이 "아하, 바나나가 먹고 싶구나, 그렇지?"라고 말한다.

- 아기가 짜증 내며 자신의 팔을 위아래로 흔들자 어른이 "원하는 게 뭐니?"라고 말한다.

3. 자신이 놀이에서 무엇을 할지를 선택한 상태에서 아이는 가장하는 태도를 취할지도 모른다. 가장하는 태도란 언어 학습과 언어 사용에 매우 유용한 영역이다. 다른 역할을 시도해 보는 가장하기 놀이에서 아이들이 사용하는 언어는 대단히 흥미로운데, 아이들은 역할이 어떤 사람이든 그 사람의 목소리 높낮이, 사투리, 어조, 문법과 어휘를 흉내 내기 때문이다.

역할극을 하고 있는 네 살짜리 바니는 죽음과 파괴를 탐사한다. 그는 이렇게 말한다. "도와줘, 도와줘! … 나는 죽어 가고 있어! 왕! 보이지 않는 사악한 왕! 그가 너를 잡아 오라고 했어. 만약 내가 너를 잡아가지 않는다면 그는 내 몸 전체에 아교를 칠해 버릴 거야. 나는 조각상이 돼 버릴 거야! 난 지금 쇠사슬에 꽁꽁 묶여 있어. 난 아교의 감옥에 갇혀 있어." (Paley, 1988: 118)

이것은 공상적인 연극에서나 들어 볼 법한 매우 별난 언어의 사용이다.

4. 주 양육자와 아이가 관례화된 포맷을 여러 번 경험했을 때 그들은 하나의 포맷에서 또 다른 포맷으로 일반화할 수 있다. 그러므로 그들은 아이들이 요청(무언가를 요구하는 것), 질문(질문하는 것), 언

급(무언가에 대해 이야기하는 것) 등과 같은 형태의 말을 쓸 수 있도록 돕는 활동에 공동으로 참여할 것이다.

브루너에게 있어서 포맷은 우리가 이전 장에서 다룬 스캐폴딩과 밀접하게 관련돼 있었다. 포맷은 관례적으로 또는 반복되는 일에서의 스캐폴딩에 대한 언어학적 형태를 제공한다. 여기서 주 양육자와 아이는 말을 해서 어떤 것이 이루어지도록 하는 의도를 공유한다. 아이가 이것을 할 수 있게 되기 전에는 보호자가 시범을 보여 주지만 아이가 할 수 있게 되자마자 보호자는 아이가 스스로 하기를 기대한다. 브루너와 그의 동료들이 연구했던 포맷들 중 하나는 읽기이다. 여기서 보호자는 그림책을 보는 아이와 함께 있고, 보호자는 이야기를 읽거나 그림에 대해서 말하면서 아이가 참여하도록 은근히 유도한다. 처음에 이러한 책 함께 보기는 아이에게 지시 대상이나 이름을 익힐 기회를 제공한다. 읽기는 매우 안정적인 일상임이 드러났다. 브루너는 다음과 같이 말한다.

그 방식의 각각의 단계에서 엄마는 아이가 이미 개발시킨 기능이라면 무엇이든 포함시켰다 — 가리킴(지시)을 통해 단서를 얻는 것, 사물이나 사건을 '나타냈던' 소리를 감지하는 것 등등. 엄마는 내내 변함이 없었다. 그렇게 함으로써 그녀는 그의 스캐폴딩이 되었다 — 그의 주의를 끌고, 질문을 하고, 아이가 하나를 찾지 못하면 정답표를 제공하고, 그것이 무엇이든 간에 하나에 대한 아이의 시도를 확인하면서. 아이가 능숙해졌을 때 그녀는 기준을 높인다. 아이가 처음에 내는 거의 모든 발성은 받아들여진다. 그러나 아이가 표준 형식에 가까워질 때마다 그 엄마는 그것(표준 형식) 이하의 것을 받아들이기를 거부한다. 물론, 바뀌는 것은 엄마가 아이에게서 듣기를 기대하는 반응이었다. 그리고 그것은 당연히 '아이의 능력에 대한 그녀의 "이론"에 의해 미세하게 조정되었다.'

(Bruner, 1983: 171-2)

이것은 매우 중요하고 상세하며 교수와 스캐폴딩가 얼마나 잘 작용할 수 있는지에 대해 정말로 또렷한 그림을 제시해 준다. 그것은 주의의 분담을 필요로 하는데, 아이는 지지를 받으며 조심스럽게 걸음을 떼고, 보호자는 아이에게 통제권을 넘겨주면서 시작하고, 아이에 대한 자신의 기대를 조정하며 아이의 능력에 관한 생각을 염두에 둔다. 그것은 실제로 실행해 볼 우리에게 대단히 흥미롭고 매우 중요한 것이다. 우리는 기대에 대해서 이야기했다. 그리고 아이가 읽기에 참여할 수 있게 되는 것을 기대하지 않는 사람은 아이로 하여금 읽기에 참여하도록 하지 않을 것이라는 사실을 여러분은 분명히 알게 되었을 것이다. 이와 비슷하게, 어린아이가 이야기를 정확하게 혹은 올바르게 다시 말할 수 있게 되기를 기대하는 사람은 실망하게 될 것이라는 사실도 말이다.

유아의 삶에 있어서 일상의 중요성

모든 유아의 생활에는 그들이 청결하고, 보송보송하고, 영양공급이 잘되고, 잘 자고 건강한 상태로 있게 하기 위해 행해져야 할 것들이 있다. 다소간의 변화와 차이가 있는 이러한 일상적 사건들의 순환적인 반복은 우리가 일상(daily routines)이라고 부르는 것이다. 그 일상은 아기의 집이나 아기가 사는 환경에서 일어나며, 아이로 하여금 어른들(부모나 보호자) 그리고 또래들과의 관계를 형성하고 유지할 수 있게 하는 삶의 중요한 단계를 나타내는 것으로 보인다. 아데시는 그녀의 흥미로운 보고서(Addessi, 2009)에서 볼로냐대학교가 착수한 행동 연구 과제, 하루 일과가 어떻게 아이들로 하여금 그들이 사용할 수 있는 가능한 의사소통 체계 중 하나인 음악의 측면을 탐구하게 했는가를 살펴보는 것을 기술했다. 그녀의 작업은 브루너의 생각, 특히 포맷 또는 일상이 유아로 하여금 주기적인 시간을 이해하도록 하는 방법에 대한 생각에 영향을 받았다. 아이는 이렇게 의식적인 관습이 반복되는 동안 반복되는 동작과 행동, 그리고 소리에 주의를 기울이는 것으로 보인다. 아이들이 무엇이 일어났고 무엇이 일어날 것인가를 예상하고 예측할 수 있게끔 하는 것은 바로 이것이다. 의식적인 관습에서 성인 혹은 더욱 경험이 많은 타인과의 상호작용을 통해 유아는 그것을 조절하고 조정할 수 있게 된다. 예를 들자면 기저귀를 가는 동안에는 정해진 절차가 있다. 하지만 이것은 아기에게 기저귀를 갈아 주는 사람이 누구인가, 그 사람이 말하거나 행하는 것이 무엇인가,

그것이 언제 일어나는가 등과 같은 변수를 수반한다. 아데시는 에밀리아니의 말을 인용했는데, 에밀리아니는 반복적인 활동에 특별한 관심을 기울이면서 어린아이들의 일상생활을 연구한 사람이다.

상호작용을 하는 일련의 행동들에 아이의 생체리듬을 조절하고 그것에 질서를 부여하는 일상의 초기 형성 과정을 수반하는 반복적인 구조화는 생존의 목적을 겨냥하는데, 그것은 오직 일상 수준에 있는 사회적 생활의 조직에 의해서만 보장될 수 있다 — 아이는 그것을 초기에 완전히 익혀 나가야 한다.

(Emiliani, 2002: 54)

브루너가 포맷을 성인이 반복적인 활동을 통해 가르치는 역할을 반복한 결과로 정의했음을 떠올려 보자. 다시 말해, 그것은 유아의 자발적인 활동을 구조화하는 것은 하루의 일상적인 상호작용에 관련된 성인의 행동을 말한다.

그녀의 연구 과제에서 아데시는 기저귀 갈기의 일상을 관찰했다. 먼저, 엄마와 아기를 관찰했고, 그다음에는 아빠와 아기 그리고 마침내는 양 부모와 아기 순으로 관찰했다. 이것은 연구의 작은 단편에 지나지 않는다는 것을 알고 있으라. 하지만 관찰 결과는 매우 흥미롭다.

그들은 엄마와 아빠가 아기와 상호작용하는 방식이 다양하다는 것을, 특히 발성의 사용 측면에서 다양하다는 것을 발견해 냈다. 엄마들은 'ta ta'혹은 'ba ba' 같은 그 언어(이탈리아어)의 흔한 음절을 반복하는 경향이 있었고, 아기의 개입과 모방에 반응하는 경향이 있었다. 그들은 그 문화 속 노래나 운(rhyme)으로 되돌아가는 경향이 있었다. 그에 비해 아빠들은 그 문화 안의 노래나 운에 뿌리를 덜 둔 독창적인 소리 만들기를 허용하고 더 많은 간격을 두고 반응했다. 그렇게 부모의 음악적 자질(음의 높이, 박자, 리듬 그리고 음색)은 아이들의 음악에 대한 이해를 발달시키는 데에 기여했다. 가장 흥미로운 것은 마지막 기간 동안 아빠와 아기를 관찰한 것에 있었는데, 그 둘은 완벽하게 서로에게 조율된 것 같아 보였고 기대감과 동시성을 보였다. 그들의 반응은 두 명의 음악가가 함께 연주하는 것처럼 묘사되었다. 그들은 발성, 모방, 반응을 할 때 서로에게 시선을 고정시켰다. 아데시는 그 행동이 타고난 것이 아니라 시간이 지남에 따라 함께 구조화된 것이라고 말한다. 이것은 그들로 하여금 서로의 동작을 예상할 수 있게 하고 그에 따른 그들의 반응을 조정할 수 있도록 한 그들의 매일같이 공유된 그리고 함께 조정된 행동에서부터 일어난 것이다. 아데시는 다음과 같이 표현한다.

이것이 정확히 일상의 기능이다. 그것은 포맷이나 틀의 형태를 구성하고, 아이들이 시간과 동작, 표정, 그리고 행동으로 구성된 시간의 내용물을 통제할 수 있게끔 허용하는 것이다. 그러므로 어린이들은 변형시키고 새로운 요소를 삽입하는 법을 배울 수 있으며, 그렇게 함으로써 그들의 의식을 발달시키고 공동으로 구성을 하고, 이번 경우에는 소리를 통해 어떻게 행동할 것인가에 관한 새로운 지식을 개발한다.

(Addessi, 2009: 759)

게임과 놀이

브루너는 항상 다양한 종에서 나타나는 미성숙의 진화와 천성에 관심이 있었다. 인간의 유아기는 다른 영장류의 유아기보다 길다. 그리고 그것은 소위 그들 사이의 놀이로 일컬어지는 엄마-유아의 상호작용이 더욱 긴 기간에 걸쳐 일어난다는 것을 특징으로 하기도 한다. 브루너는 이것이 엄마에 의해 시작되며, 그것의 목적은 유아를 즐겁게 하고 그들을 가능한 절망으로부터 보호하기 위한 것이라고 말한다. 브루너가 말하기를, 놀이란 인간 유아가 공동체의 삶에 너무 일찍 합류되지 않도록 보호한다. 놀이는 유아가 행동의 결합을 실험하는 것을 허용하는데, 그렇지 않으면 유아는 그것을 실험하는 것이 아니라 현실에서 실행할 것이다. 이것은 어느 정도 주의해 가며 보아야 한다. 그것이 유년기에 대한 다소 서구적인 시각을 영속화시키는 것으로 들릴 수도 있기 때문이다. 발달하는 세계에 있는 유아들은 자신

없어져 버렸네!
어디에 있을까?

까꿍놀이

보다 나이가 많은 어린이들 그리고 어른들과 함께 놀기도 하며, 그들은 언어가 놀이 그 자체에 필수적인 역할을 하는 유사한 놀이를 한다. 여러분은 이런 놀이들 중 몇몇을 아이로서 혹은 부모로서 혹은 보호자로서 경험해 보았을 것이다. 그것들은 상호작용하는 어른과 아이가 말을 사용해서 일련의 행동을 반복하는 것이고 예측 가능하지만 즐거운 일이 일어나는 것이다. 우리에게 가장 친숙한 것으로는 까꿍놀이 (peek-a-boo), 흔들목마 타기 같은 놀이가 있으며, 유사한 예상의 게임들이 세상의 거의 모든 언어에서 일어난다는 증거가 있다.

브루너는 이런 놀이는 아이에게 어른과 함께 언어를 체계적으로 사용할 첫 번째 기회를 주고 아이가 말로 어떤 일이 이루어지게 할 수 있는 첫 번째 기회를 준다고 보았다. 그는 놀이를 이상화된, 자족적인 포맷으로 기술한다. 여러분은 이러한 놀이의 포맷이 심층구조와 일련의 규칙을 지닌다고 생각할 수 있을 것이다. 그리고 게임의 표면이 관리되도록 허용하는 것은 이러한 규칙들이다. 무언가가 숨겨져 있다가 다시 나타나는 까꿍놀이를 분석해 보자.

- 심층구조는 사물이나 사람의 통제된 사라짐과 재출현이다.
- 표층구조는 다음 모두 혹은 일부와 관련이 있다. 장막이나 천 혹은 무엇이든 사물이나 사람이 사라지고 다시 출현하도록 만드는 데에 사용된다. 각각의 행동의 시간, 사용된 실제 단어나 소리 혹은 무엇이 사라질 것인가에 대한 선택.
- 놀이는 '부자연스러운' 것으로 묘사된다. 그것은 발명되거나 만들어졌고, 규칙에 의해 함께 묶여 있는데, 그 규칙은 교섭될 수 있다. 브루너는 이러한 놀이를 이상화되었다고 말한다.
- 놀이는 그들이 고정되어 있는 것이 아니라 변할 수 있는, 차례 맡기 역할에 관계하고 있다는 점에서 언어와 같다. 누가 숨느냐는 문제가 되지 않는다. 항상 숨기는 사람과 숨겨진 것, 행위자와 체험이 있다. 브루너는 이러한 놀이를 작은 원형대화(proto-conversation)라고 부른다.
- 놀이는 관심을 질서정연한 일련의 사건에 분산시킬 기회를 제공한다. 그러므로 놀이 그 자체가 각각의 움직임이 논평(comment)으로 보이는 것에 관한 화제 또는 주제이다.

만약 여러분이 특별히 이 놀이들의 주제에 흥미가 있다면 브루너가 그의 책 *Child's Talk*(1983)에서 말하려고 하는 것을 읽고 싶어 할 것이다. 그 책에서 그와 그의 동료가 리차드와 조나단이라고 불리는 두 명의 아이를 데리고 수행한 연구를 상세히 기술해 놓았다. 그 두 소년은 2주에 한 번 관찰되었는데, 그때마다 그들의 행동이 관찰되고 기록되었다. 연구는 리차드가 태어난 지 5개월이 되었을 때 그리고 조나단이 3개월 때 시작됐다. 여기에 특히 조나단을 매혹시킨 놀이가 하나 있다. 그것은 어떤 물체의 다양한 사라짐과 재출현이다.

- 조나단과 그의 엄마는 그가 생후 6개월 때 그리고 그와 그의 엄마가 그녀 혹은 그녀의 작은 아기의 얼굴을 숨기는 다양한 까꿍놀이를 한 이후에 처음으로 이 특별한 놀이를 했다. 이 새로운 놀이에서 사라진 것은 장난감 광대였고 잠시 후 천고깔 위로 다시 나타났다. 사용한 말은 이런 것이었다. 엄마가 "이게 누구야?" 혹은 "없어져 버렸네! 어디에 있을까?"라고 질문한다. 그리고 잠깐의 침묵 후에 "어이!" 혹은 "여기 다시 나타났어요."라고 한다. 엄마는 각각의 활동의 시간에 변화를 줄 수 있고 추측을 장려하고 흥미를 북돋우기 위해 말을 사용할 수 있다. 변하지 않는 것은 심층 구조였다. 즉 광대의 출현과 사라짐. 놀이는 약 넉 달에 걸쳐 관찰되었다. 그리고 이 기간 동안 몇몇 특성들이 변했다. 조나단은 처음에는 놀라고 감탄하는 것으로 시작했다. 그리고 나서는 추측하기 시작했다. 그러면 엄마는 시간이 지남에 따라 그녀가 사용하는 언어를 정교화했으며, 아이가 주의 혹은 몰두를 위한 신호로서 엄마의 말을 사용한다는 것이 명백했다. 아이가 커 감에 따라서 엄

마의 말은 때로는 줄어들어서 재출현을 단지 한마디("어이!")와 아마도 "그거 입에 넣지 마!"와 같은 몇몇 경고로 알리기도 했다.

조나단의 행동은 그가 참여함에 따라 점점 더 훨씬 주체적인 모습을 띠어 갔다. 그리고 생후 약 8개월쯤 되었을 때 그는 사라짐과 재출현을 통제하기를 원했고 때때로 그가 그것을 허락 받지 못했을 때는 흥미를 잃었다.

실천을 위한 함의

이번 장에서는 언어 습득에 초점을 맞췄기 때문에 그것이 영유아 (babies and toddlers)를 연구대상으로 하는 사람들과 가장 연관이 있을 것이라는 점과 비록 여러분이 약간 더 나이가 많은 아이들을 연구 대상으로 삼을지라도 여러분에게도 여기서 제기된 생각들 중 어떤 것들은 중요할 수 있다는 점을 깨닫는 데에는 그리 오랜 시간이 걸리지 않을 것이다. 우리는 여기서 다음과 같은 몇몇 요인들에 주목할 것이다.

1. 우리는 아이들이 어떻게 (언어와 같은) 어떤 체계 혹은 (특정한 놀이와 같은) 상황을 지배하는 규칙을 알아내서 그 규칙을 적용해 보는지 또 나중에 그 규칙을 지키는지 또는 바꾸는지에 대해 생각해 볼 필요가 있다. 실천가들은 아이들이 성인 혹은 또래와 상호작용할 때 어떤 행동

을 하는지에 대해서 주의를 기울이고 싶어 할 것이다. 그들은 아이들이 몰두하고 있는 것이 무엇인지 생각해 보고 아이들이 어떤 규칙을 부여하는지 추측하고 싶어 할 것이다. 본질적으로 이것은 모든 아기가 그들의 가설을 발달시키고 규칙을 만들어내기 위해 그들이 사용할 수 있는 것—가장 중요한 상호작용—은 모두 사용할 준비가 되어 있는 유능한 학습자라는 점을 기꺼이 믿겠다는 것을 의미한다.

2. 우리는 어떻게 아이들이 자신의 경험 속에서 마주치는 패턴에 주목하는지 그리고 어떻게 그들이 이것을 규칙을 만들어 내기 위한 토대로 사용하는지에 관심을 가질 필요가 있다. 모든 어른에게는 어린이들의 초기 행동과 그들이 초기에 저지르는 실수를 미성숙 혹은 이해력 부족의 신호로 일축해 버리는 경향이 있다. 본질적으로, 어린이들이 저지르는 실수는 우리에게 그들의 인지발달을 들여다볼 수 있는 창을 제공한다. 이러한 실수(이 장에서 언급된 복수형과 시제와 관련된 규칙들의 과잉일반화 같은 것들)는 우리에게 어린이들이 규칙을 만드는 데까지 도달하고 그것을 사용하는 것이 얼마나 힘든지를 보여 준다. 우리가 보는 것은 어린이들이 처음 보편적으로 규칙을 적용하는 모습이다. 그들은 그들의 경험과 상호작용이 그들에게 그 규칙들 중 하나는, 규칙은 깨질 수 있다는 것이라는 것을 보여 줄 때까지 이것을 행한다.

3. 우리는 실제 상황(자는 시간, 목욕하는 시간, 식사시간) 속에서 스캐폴딩 학습을 위해 어른들이 그들의 아기들과의 반복된 상호작용과 관련해 어

떤 중요한 역할을 하는지에 대해 알고 있어야 한다. 우리는 부모에 대한 이야기를 하면서, 또 어떤 상황에서는 부모에게 어떻게 해야 '좋은' 부모가 되는지에 대해 이야기하려고 노력하면서 많은 시간을 보낸다. 우리가 하는 가정들 중 대부분은 몇몇 부모들은 다른 부모들보다 '더 낫다'는 것인데, 아마도 이에 관해서는 우리의 고유한 경험과 교육에 토대를 두고 있다. 우리가 해야 할 일은 부모와 보호자가 어떻게 그들의 아이들과, 특히 집에서 일상생활과 의식적인 행사를 하는 동안에 상호작용하는지에 대해 주목하는 것이다. 많은 부모들은 그들만의 놀이와 의식을 갖고 있다. 다른 부모들은 그렇지 않을지도 모른다. 그리고 모든 부모가 아이들로 하여금 말을 이해하도록 하는 데 가장 효과적인 것 같은 방법은 (이야기, 동요, 챈트, 노래, 접촉 그리고 표현을 통한) 상호작용이라는 것을 이해하도록 돕는 일은 가치가 있다. 이것은 부모와 보호자가 그들이 아기의 기저귀를 갈거나 아기에게 음식을 먹이거나 혹은 자장가를 불러 줄 때 할 수 있는 몇 가지 일의 예를 보여 주는 삽화가 담긴 작은 책자를 왜 이것이 중요하고 그것이 어떻게 아이들이 예상하고 예측하는 법을 배우게끔 도와주는지에 대한 간단한 설명을 함께 넣어 만드는 것을 의미할지도 모른다. 상호작용은 어떠한 특별한 기술도, 자원도, 훈련도 필요로 하지 않는다. 그것은 오직 시간과 정성을 필요로 할 뿐이다. 언어와 문화가 여러분과는 다른 아이들을 포함해 모든 아이가 집에서 혹은 바깥에서 하는 경험을 생각하는 데 주의를 기울이라.

4. 우리는 학습에 있어서 일상생활의 중요성과 예측할 수 있고 반복적인 놀이의 중요성을 강조할 필요가 있다. 아기를 돌보는 많은 주간 탁아시설들은 하루 일과가 얼마나 중요한지 잘 알고 있으며 그것이 아이가 하는 경험의 대부분을 구성한다는 것을 알고 있다. 하지만 이 일상이 그냥 일상이 아니라 중요한 학습 맥락으로 이해되어야 한다는 게 중요하다. 따라서 여러분과 유아의 상호작용이 매우 중요하다. 여러분은 레지오 에밀리아에 있는 그 유명한 탁아시설들에 종사하는 사람들이 어떻게 학습 맥락을 만드는지 배우게 될 것이다. 그들은 아기에게 노래를 불러 주고 이동탁자 위에 거울을 놓고 아기들이 잠들 때 음악을 틀어 준다. 약간 더 큰 어린이들을 돌보는 사람들은 아이들과 이 반복적인 놀이를 하려고 할 것이다. 그들의 모국어로 아이들에게 챈트나 노래로 불리는 놀이를 포함한 모음집을 만들어 볼 만하다.

나가기 : 되돌아보기, 미리 보기

이 장에서는 아이들이 어떻게 언어를 습득하는지에 대한 브루너의 생각을 살펴보았고 그가 촘스키의 중대한 연구 업적에 영향을 받기는 했지만 언어 습득의 필수요소가 빠져 있다고 생각했다는 것을 알 수 있다. 그 필수요소는 바로 언어 습득에 있어 사회적, 환경적, 문화적 요소이다. 언어 습득은 유능한 아이(competent child)의 개념에 의존하고 브루너는 목표지향적인 유아들이 의사소통을 위해 어떤 시도를 하는지 보여 주는 연구 증거를 인용했다. 세상과 언어와 관련된 규칙을 풀어내는 아이들의 중요성은 언어 습득에 관한 브루너의 견해를 이해하는 데 필수적이다. 브루너는 대부분의 가족들에게서 일어나며 언어에 있어 종종 휩싸이는 의식(ritual)이나 포맷(format)에 상당한 관심을 가졌다. 그는 이 의식이나 포맷이 언어 습득에 필수적이라고 믿었다. 이러한 일상이나 포맷이 놀이의 선도자로 보일 수도 있다. 이 장은 무엇이 학습되는가와 실제에 있어 영향을 살펴보며 끝난다.

다음 장에서는 아이들이 어떻게 말을 사용하기 시작하는지, 어떻게 사물이나 사람을 부르는지에 대해 관심을 기울일 것이다.

제 6 장

이름 부르기와 **지시**하는 것을 **학습**하기

들어가기

이 장에서는 계속해서 브루너의 언어 습득에 관한 견해를 검토한다. 하지만 이제 우리는 이른바 '지시의 성장'으로 우리의 관심을 돌린다 (Bruner, 1983: 65). 이것이 의미하는 바는 학습자가 흥미를 느끼거나 관련되는 어떤 것에 주목하거나 관심을 기울이는 학습자의 능력의 발달이다. '지시(reference)'란 용어는 지금은 시대에 뒤진 용어로 간주된다. 그러나 브루너가 20년 전에 쓸 때는 잘 받아들여지는 용어였다. 보다 직접적으로 일상용어인 '이름 부르기(naming)'를 찾아볼 수 있다. 브루너는 학제간 접근(interdisciplinary approach)으로 철학적인 지시이론(theory of reference)의 관점에서 그의 논의를 출발시켰다. 먼저 우리는 그가 지시이론에 관해 말한 것을 살펴봄으로써 시작할 것이다. 그런 다음 좀 더 직접적으로 관련되는 문제로 옮겨 갈 것이다. 즉 어떤 것에 대한 관심을 끌기 위한 구어체 언어의 사용[대화 표시(discourse labelling)]에서 엄마나 다른 성인의 역할을 논의하는 공동관심 관리(management of joint attention)의 문제이다. 그런 다음 아이가 대화와 담론의 규칙을 어떻게 숙달하는지 간략히 살펴볼 것이다. 먼저 언어 습득에 관한 브루너의 생각에 대한 비판적인 견해를 피력한다. 그 문제에 대한 여러분의 입장을 고려해 보기를 바란다. 마지막으로 이 장은 실천을 위한 함의를 살펴봄으로써 끝나게 된다.

지시이론 이해하기

브루너는 우리가 지시에 관하여 이야기한다는 것은 어떤 한 사람이 어떤 생각을 다른 사람에게 유치하고 미숙하게 가리키려고 시도하는 과정에서 나타나는 전개 양상에 관하여 이야기하는 것이며, 각자가 다른 사람이 말하는 것을 해석할 수 있는 지점에서 두 사람의 의사소통에서 일어나는 것에 대하여 생각해 보는 것이라고 말했다. 힐러리 푸트남(Hilary Putnam)의 저술을 읽은 것을 바탕으로 그는 다음과 같은 네 가지 가설이 진실해야 한다고 말한다.

1. 사람은 자신의 마음속에 무언가 가지고 있다는 것을 다른 사람에게 신호로 알릴 수 있어야 한다 - 브루너의 용어로 **지시**(referential).

    • 에브리나는 바나나를 골똘히 쳐다보다 엄마의 얼굴을 다시 쳐다보다 또 바나나를 응시한다. 에브리나는 바나나를 먹고 싶다. 그녀는 이러한 욕망을 엄마에게 신호로 알릴 수 있다. 그녀의 엄마는 아이의 생각을 해석하고 이해할 수 있다.

2. 이 신호로 알리기(signalling)는 아주 모호하거나 경우에 따라서는 아주 정확할 수도 있다. 대화에 관련된 두 사람은 같은 것을 말할 수도 있지만 각자가 아주 다른 이해를 할 수도 있다.

    • 치지가 어린 소녀였을 때 그녀의 엄마는 일각수(一角獸, unicorn)에 관해 이야기하고 있었고 치지의 얼굴에서 놀라는 기색을 알아차렸다. "그게 뭐지?" 하고 엄마가 물었다. 그 질문에 아이가 답했다. "에이미가 학교 가려고 입은 거 아니에요?"

- 프란시스(Francis, 1983)는 자신의 어린 아들의 예를 인용했다. 아이는 "Mine shooting gone."이라고 말했고, 이것은 딸아이와 함께 비스킷을 먹으면서 한 말이었는데 그녀의 관심을 끌었다. 아이는 무슨 말을 하려 한 것일까? 엄마는 아이의 욕구와 관심에 명확히 주파수를 맞추고 의사소통이 이루어지는 동안 현장에 있었고 아들이 활과 화살 모양 그림이 그려진 비스킷을 다 먹었다는 것을 자기 여동생에게 말하고 있다는 것을 이해했다.

3. 이 모든 것이 관심(주의)의 공유와 관련이 있는 사회적 상호작용의 형식으로 일어나야 한다.

여기에는 예가 필요 없다. 이 장의 모든 절이 공동(주의)관심(joint attention)*의 토의에 할애된다는 사실의 관점에서 특히 그러하다.

4. 마지막으로, 지시하기(referring)에는 일정한 목표 구조가 있다는 것이다.

이것은 이해하기가 어렵지만 설명과 예를 들면 도움이 될 것이다.

---

* 공동관심 혹은 공동주의, 함께 주목하기 등으로 변역됨. 어떤 사물이나 사건에 대한 주의를 타인과 공유하는 상호작용임. 공동관심에는 사물이나 사건에 대해 다른 사람의 주의를 탐지하고 따라가려는 시도, 즉 시선주사, 가리키기, 주기, 보이기 등이 포함된다. 이러한 행동, 즉 상대방이 바라보거나 손가락으로 가리키는 곳을 함께 바라보는 행동을 통해 상호 개인 간에 정서적인 교류가 일어난다. 공동관심은 생의 초기 전형적인 발달에 있어서 중요한 요소로 작용하는데, 일반적으로 아동의 수용 및 표현 언어와 동시적으로 관련되며, 그 이후에 출현하는 더욱 복합적인 표현언어, 상징놀이 및 마음 이론의 발달에도 중요한 역할을 한다. 전형적으로 발달하는 영아는 6개월경에 다른 사람의 눈과 머리가 향하는 곳을 정확하게 따를 수 있다. 예컨대, 타인의 눈길을 따를 수 있는 공동관심능력은 사회적 의사소통 기술의 발달에 중요한 역할을 하며, 타인의 마음 상태를 추측하는 데 있어서 결정적인 역할을 한다.

우리 인간은 고립되어 행동하지 않는다. 우리는 다른 사람들의 영향을 받는다. 이러한 사실은 가정에서, 교실에서, 환경에서도 마찬가지이다. 이 모든 것에 상황에서 함께 오는 일정 수준의 보상이 있다. 학습자들이 서로 비교되기 때문에 이것은 경쟁적(competitive)이 될 수 있다. 학습자들이 자신의 보상을 위해 공부하는 곳에서는 개인적(individual)이 될 수 있다. 또는 학습자가 다른 사람과 함께 공부한다면 협력적(cooperative)이 될 수 있다. 이런 것들 중의 하나를 우리가 찾고 있는 상호작용의 종류로 구분하는 것은 더 힘들다. 하지만 아래의 예를 보고 각 아이의 목적이 무엇인지 알 수 있는지 보라.

● 윌리엄스(Williams, 2004)는 이스트 런던의 학교에서 놀고 있는 두 자매에 관한 멋진 예에서 여동생 세이에다와 함께 선생님 역할을 하면서 놀고 있는 언니 와히다의 예를 인용한다.

와히다 : 자, 이제 우리 동음이의어(homophone)에 대해 알아봐요. 동음이의어가 뭔지 아는 사람? 아무도 없나요? 좋아요. 선생님이 하나 말해 주고 여러분 스스로 해 보는 겁니다. watch를 예로 들어 볼게요. 하나는 '몇 시죠?'처럼 시간을 나타내는 '시계'를 말하죠. 또 하나는 '나는 여러분을 지켜보고 있어요. 나는 여러분을 볼 수 있어요.' 할 때의 '보다'예요. 세이에다, 넌 책에다 뭘 썼구나, 그렇지? 나에게 좀 말해 줄 수 있겠니?

세 개만 보여 줄 수 있겠니?

세이에다 : 아, 다섯 개 보여 드리려 했는데요.

와히다 :　 아니야, 세이에다. 우리는 시간이 충분하지 않아. 집
합 시간까지 5분밖에 안 남았어.

세이에다 : 아들(son)은 딸(daughter)의 반대죠…. 태양(sun)은…
하늘에서 밝게 빛나죠.

(Williams, 2004 : 63)

경험이 적은 세이에다는 언니에 의해 특정 언어와 학교 문화에 대
해 소개 받고 있다. 선생님 역할을 맡은 와히다는 학교의 일상과
언어에 대한 이해를 보여 줄 수 있다. 그녀는 (비록 동생에게는 그
렇지 않지만) 자신에게 아주 익숙한 일상을 통해 학습을 쌓아 가고
있다. 와히다가 학교에서 배운 어떤 것의 이해를 확고히 하기 위
해서 연습을 한다고 주장할 수도 있지만 둘 중 어느 누구도 뚜렷한
목적을 가지고 있지 않다. 세이에다는 언니를 기쁘게 해 주기를 원
하기 때문에 놀이에 참가할 수도 있다.

본질적으로 우리가 이야기하고자 하는 것은 한 사람이 언어 사용
을 통해 어떻게 다른 사람의 관심과 주의를 유지하고 끌어오는지에
관한 것이다. 우리는 아이가 구어(spoken language)의 소리로 가득 찬
사회 세계에서 살면서 이런 패턴화된 소리가 의미를 가진다는 아이
디어를 발달시킨다는 가설에서 시작해야 한다. 소리는 사물을 뜻하

고 상징한다. 사물은 대상이거나 사람이거나 장소이거나 사물의 집단이거나 생각일 수 있다.

- 영어 사용 환경에서 자라는 아이는 병에 든 하얀 액체에 대한 소리(또는 이름)는 우유라고 배운다. 이탈리아의 아이들은 이 동일한 사물이 라떼(latte, 이 예에서의 대상은 우유)라고 불린다는 것을 배운다.
- 아이는 한 아이가 있는 경우에 'child'라고 말하고, 둘 이상일 때는 'children'이라고 말한다고 배운다. 하나보다 많은 아이들은 집단을 이루게 되고 집단에 대한 호칭(label)은 개별 항목에 대한 호칭과 다를 수 있다.
- 아이는 붉은 것으로 묘사될 수 있는 것은 많지만 꼭 자기와 같은 사람은 한 사람뿐이라는 것(물론 일란성 쌍둥이가 아니라면)을 배운다.

지시의 방법으로서 가리킴의 힘

레이먼드 탈리스(Raymond Tallis)는 *Michelangelo's Finger*(Tallis, 2010)라는 매력적인 책을 출간했다. 책의 표지는 시스티나성당에 있는 미켈란젤로의 프레스코화에 나오는 무언가를 가리키는 신의 손가

레이먼드 탈리스(1946년 생)

락을 보여 준다. 탈리스는 맨체스터대학교의 노인의학 교수였으며, 시인, 소설가, 철학자이다. 이 책에서 그는 중요성을 가리키고 분석하는 인간 고유의 능력에 관심을 기울인다.

무엇에 대한 주의와 관심을 유도하기 위해 (그것을 가리키는) 검지를 사용하는 단순한 행위는 중요한 것을 의미한다. 그것은 가리키는 사람(우리로서는 아이)이 원하는 사물이 위치하고 있는 공간을 다른 사람과 공유할 수 있다는 것을 이해한다는 것을 의미한다. 더구나 아이가 다른 사람을 알 수 있는 것과 마찬가지로 다른 사람도 아이를 알 수 있다. 눈으로 가리키는 손가락을 따라감으로써 다른 사람이 흥미를 끄는 사물에 대한 관심을 공유하고 있다는 것을 아이는 인식해야 한다. 그래서 이제 시각적 관심의 공유(shared visual attention)가 있게 된다. 탈리스에게는 이것은 우리가 공유된 세계에 살고 있다는 확신의 시작이다. 그는 다음과 같이 말한다.

가리킨다는 것은 세상을 공유하고 하나된 세상을 만드는 기본적인 행동이다. 그것은 통의 세계를 함께 묶어 줄 뿐만 아니라 그 세계를 확장시킨다. 그 두 과정이 분리되는 것이 아니다. 내가 볼 수 없는 (실제로 내 시야 너머에 있는) 대상을 당신이 가리킬 때 당신은 내가 지각할 수 있는 것의 바깥에 있는 세계의 존재를 단언하고 있는 것이다.

(Tallis, 2010: 132)

여러분이 구체적인 예를 생각할 때까지는 이것은 설득력이 없는 것처럼 들릴 수도 있다. 여러분이 공원에 있고 하늘을 가리키고 있는 여인을 마주친다고 상상하라. 이 여인의 주위에는 그 여인이 가리키는 것이 무엇인지 알려고 애를 쓰면서 모두 위를 올려다보는 사람들이 있다. 여러분은 바로 볼 수 있는 범위를 넘어서 여러분의 관심을 끌 어떤 것이 있다는 것을 확신하고 위로 올려다본다.

그러나 유아에게는 가리키는 것이 구어(spoken language)에 의해 추월당한다. 그리고 가리킴을 통해 공유된 관심 세계가 말을 통해 공유된 관심에 의해 대체된다. 그러나 가리킴을 지시의 방법으로 사용하기 위해 유아가 자신과 타인에 대해 얼마나 알아야 하는지를 고려하는 것이 중요하다.

우리는 영장류가 자신의 관심의 초점을 공유하도록 타인을 끌어들이는 능력이 있다는 증거가 있다는 것을 알고 있다. 그러나 이를 위해 인간은 상징적 도구를 사용한다는 점에서 유일하다. 말, 기호, 상징, 제스처, 억양 패턴, 가리킴 등등. 우리는 유아가 어떻게 어른의 시선 변화에 관심을 보이기 시작하는지와 어떻게 어른이 쳐다보고 있는 방향으로 보기 시작하는지에 관해 말해 왔다. 우리는 아이들이 목소리나 억양 또는 얼굴 표정의 변화와 관련된 서로 다른 의미를 어떻게 간파하는지 보아 왔다. 브루너는 지시체계는 아주 개방적인 것이라고 말한다. 인간에게는 맥락이 중요하다는 사실을 기억하는 것도 중요하다. 의미를 만들고 공유하기 위해서 인간은 핵심적인 단서를 제공하는 교환의 맥락을 사용한다. 브루너는 이것을 설명하기 위해 언어학에서 끌어온 친숙하지 않은 '직시어(直示語, deixis)'라는 용어를 사용한다. 직시어는 발화(發話, utterance)에서 어떤 단어와 구의 의미의 이해는 맥락적 정보를 필요로 하는 현상을 말한다. 고정된 의미론적 의미를 가지지만, 시간과 장소에 따라 변할 수 있는 글자 그대로의 의미도 가질 수 있는 단어는 직시적(直示的, deictic)이라고 한다. 그래서 의미가 맥락적 정보를 필요로 하는 단어나 구[예를 들면, 영어의 대명사(pronoun)]는 직시적이라고 한다. 핀커(Pinker, 1994)는 언어학의 이러한 다소 복잡한 측면을 설명하는 데 유익하다. 그는 이해를 위해 맥락 의존적인 주요 단어들은 'a'와 'the', 'here'와 'there', 'this'와 'that', 'me'와 'my', 'we'와 'you' 등과 같은 단어들이라고 말한다. 이에 관해 생각해 보면 여러분은 거의 확실히 이러한 단어를 혼동하는 아이들의 예를 떠올릴 수 있을 것이다.

여기 한 가지 예가 있다. 'killed a policeman'과 'killed the policeman' 이 두 구절은 거의 같아 보이지만 다음과 같이 맥락 속에 들어갔을 때 어떤 일이 일어나는지 보라.

- 어떤 경찰관의 14살 난 아들은 나쁜 성적 때문에 훈계를 받고 나서 명백히 격분한 상태로, 집에서 총을 쏘아서 경찰관 한 명을 죽이고 세 명에게 부상을 입힌 후 사살되었다.

(A policeman's fourteen-year-old son, apparently enraged after being disciplined for a bad grade, opened fire from his house, killing a policeman and wounding three people before he was shot dead.)

- 어떤 경찰관의 14살 난 아들은 나쁜 성적 때문에 훈계를 받고 나서 명백히 격분한 상태로, 집에서 총을 쏘아서 경찰관인 아버지를 죽이고 세 명에게 부상을 입힌 후 사살되었다.

(A policeman's fourteen-year-old son, apparently enraged after being disciplined for a bad grade, opened fire from his house, killing the policeman and wounding three people before he was shot dead.)

(Pinker, 1994: 76)

부정관사 'a'와 정관사 'the'의 사용과 문맥을 제외하고는 똑같은 기사가 완전히 다른 의미를 갖는다.

공동(주의)관심 관리하기

공동(주의)관심(joint attention)이 유행하기 오래전에 브루너가 공동관심의 관리에 관해 이야기하고 있었다는 것을 생각하면 흥미롭다. 실천가와 학습자가 공유된 관심에 초점을 맞추도록 해 주는 맥락의 제공이 좋은 유아교육 실행의 특징이라고 확인한 영국에서의 최근 저술을 인식할 만도 하다. 동일한 것에 초점을 두었을 때 아이와 어른 혹은 경험이 더 많은 학습자는 더 의미 깊은 상호작용을 하게 되고, 스캐폴딩 교육이 더욱 효과적이라고 한다. 물론 브루너는 지시의 성장(growth of reference)을 생각하고 있었고 엄마나 다른 주 양육자와의 접촉에서 유아는 눈맞춤을 하고 그것을 계속 유지할 때 인생에서 일찍 지시가 시작된다고 믿었다. 열심히 눈을 맞추고 엄마나 양육자가 목소리를 높여서 반응하면 곧이어 이에 아이의 호응하는 동작이 이어진다. 생후 2개월이 지나면 눈맞춤과 목소리 반응 의식이 잘 확립된다. 엄마와 아기는 한쪽이 멈추면 다른 쪽이 이어 받고 하는 식으로 교대를 하게 된다. 이것은 1982년 회의에서 발표한 다니엘 스턴(Daniel Stern)의 논문에서 설명되었다(Stern, 1982).

브루너의 저술은 관심을 공유하기 위한 시각적, 촉각적 목표를 제공하기 위하여 엄마(또는 주 양육자)가 아기와의 상호작용에 대상을 도입하기 시작했을 때 일어나는 것을 분석한 다니엘 스턴의 저술을 근거로 하였다. 브루너 자신의 실험에서 그는 3개월 된 조나단(여러분은 앞 장에 나온 이 아이를 기억할 것이다)과 엄마 사이에서 일어난 일을 주목하였다. 그 엄마는 두 가지 방식으로 대상을 도입하였다. 하나는 눈맞춤을 하고 특별히 노래 부르는 억양으로 "예쁜 인형을 보라"고 말하면서 소리를 내어 아이의 관심을 끌기 위해 대상을 움직이는 동안 그 대상을 자신과 아이 사이에 두는 것이다. 또 하나는 아이가 이미 관심을 두고 있는 대상을 선택해서 둘 사이의 공간에 그것을 가져와 다시 움직이고 소리를 내는 것이다. 브루너는 움직임이 아이의 관심을 붙들고 둘이 동일한 것에 관심을 보이게 하는 한 가지 방법이 될 수 있다고 했다. 그는 이것을 '대상 강조하기(object highlighting)'라 부른다. 이러한 유형의 행동은 아이가 소리 내어 말하기 시작할 때 레퍼토리에서 사라진다. 생후 1년이 되면 그것은 거의 사라지고, 목소리 내기는 나중에 보다 정교한 언어로 발전하기 위한, 브루너가 플레이스홀더(place-holder)라 부르는 것이 된다. 이것은 브루너가 **사물(대상)놀이형식(object-play format)**이라 부르는 것이다. 즉 언어로 묶인 반복된 행동(또는 형식)이다.

여기서 고려해야 할 또 하나의 예가 있다. 그것은 바로 엄마들과 한 살쯤 된 아기들 사이의 양자관계를 연구한 메르 로건 라이언(Maire Logan Ryan)의 저술이다. 엄마들은 (스코틀랜드)글래스고 영어 원어민이었다. 라이언은 엄마들이 아기가 쳐다보고 있는 것이 아닌 다른 것으로 지시를 옮겨 갈 때 올림 억양 패턴을 더 사용하는 것을 발견하였다. 흥미로운 것은 엄마에 의해 사용된 올림 억양 패턴이 아기들로 하여금 엄마가 보통으로 말하는 것보다 그 사물에 더 많은 관심을 보이게 했다는 것이다. 브루너는 공유된 관심 관리의 첫 번째 단계는 엄마의 통제에 있다고 주장한다. 엄마가 더 먼 사물을 쳐다볼 때 시선을 따라가는 아이들과 관계되는 다른 실험도 있다.

아기들은 커 감에 따라 가리키기 시작한다. 처음에는 눈으로 가리키다가 나중에는 손가락으로 가리킨다. 여기서 아기가 공유된 관심을 통제하는 사람인 것 같다. 그래서 가리키기가 아이의 행위자 의식 발달에서 중요한 역할을 한다. 토마셀로는 그가 말하는 '관심매핑가설'(Tomasello, 1992)을 개발했다. 양육자와 아기의 양자관계는 두 가지 상호작용 유형의 조합을 이용해서 공동관심에 관여하게 되고, 이것이 다른 방식으로 단어를 학습하는 데 영향을 미친다고 한다. 하나는 관심 따라가기(attention-following, AF)로 불리는데, 이것은 양육자가 아기의 핵심 관심을 따를 때 발생한다. 다른 하나는 관심 전환(attention-switching, AS)으로 불리는데, 양육자가 아이의 관심을 아이가 처음에 관심을 집중했던 사물에서 다른 사물로 옮겨 가는 것이다. 두 파트너가 동일한 것에 초점을 맞출 수 있기 위해 AS 모드는 아이가 관심을 전환하도록 요구한다. 아이가 이미 공유된 사물에 집중하기 때문에 AF는 전환을 요구하지 않는다. 사물에 이름을 붙이는 것은 양육자이기 때문에 단어 학습은 AF 모드에서 더 많이 일어날 것이라고 색슨과 레일리는 주장한다(Saxon and Reilly, 1998).

여기에 특별히 관심이 있다면 여러분이 이에 관해 읽을 수 있는 것은 훨씬 더 많다. 아이들에 관한 우리의 모든 저술에는 많은 의미가 있기 때문에 간주관성의 문제를 이해하는 것이 중요하다. 간주관성은 타인의 감정과 동기를 이해하는 능력이고, 이제 여러분은 간주관성이 우리의 총명한 아기들의 생애 초반에 발달하는 어떤 것이라는 사실을 알아 둘 필요가 있다.

언어와 권력

브루너는 언어 학습의 심리언어학적 관점을 채택하였는데, 이것은 문화와 맥락의 중요성에 관한 그의 주장의 관점에서 놀랍다. 번스타인(Basil Bernstein)과 푸코(Michel Foucault)와 같은 다른 사람들은 언어의 학습을 촉진하고 언어와 권력의 연관성을 더 고려하는 지지적 학습 환경의 대화적(dialogic) 성격에 더 관심을 둔 관점을 제시한다(Inghilleri, 2002).

번스타인은 언어와 교육에 관한 초기 논쟁에서 중요한 인물이었다. 그는 1950년대에 연구를 시작하여 아이들이 지각과 추론을 사용할 수 있게 되는 방식이 언어에 의해 중재된다고 주장했다. 그는 말하는 방식(그가 말하는 코드)이 서로 다르

번스타인(1924~2000)
영국의 교육사회학자, 언어와 사회계급에 관한 저작으로 유명.

고, 이것이 화자의 사회적 계층에 직접 연관된다고 믿었다. 그래서 노동계층 가정 출신의 아이들은 중산층 가족 출신 아이들의 담론 스타일과는 다른 특정 스타일의 담론을 경험하였다. 그는 노동계층 가족의 코드를 제한된 어법(restricted code)이라 불렀고, 중산층 가족의 코드를 정교한 어법(elaborated code)이라고 불렀다. 여러분이 상상할 수 있듯이, 노동계층 자녀들의 언어에 결핍된 모델을 제시하는 것처럼 보일 수 있었기 때문에 이 관점은 인기가 없었다. 그러나 이 견해에 동의하기 전에 번스타인은 그의 동료 사회언어학자들처럼 언어를 상징적 행동의 한 형태로 보았고, 비고츠키의 연구에 영향을 받았다는 것을 알아야 한다. 그는 언어를 행동의 상징자이자 중재자로 보고 언어에 대한 문화의 중요성도 인정한 최초의 학자 중 한 사람이었다.

번스타인의 비판자들은 이내 이것들을 평가보다는 판단으로 보고자 했다. 이러한 점들을 좀 더 자세히 알아보자. 번스타인의 저술을 대충 읽으면 제한된 어법은 정교한 어법보다 열등하다고 그가 주장

하고 있다고 생각하게 만든다. 사실 그는 어법이 특정 맥락에서 개발되었고 그러한 맥락과 문화 내에서 다른 화자들과 공유된다고 말하고 있었다. 그러나 정교한 어법은 정규교육의 필요요건에 더 적합하게 만들어진 특징을 가졌다. 제한된 어법이 한정되거나 제한된 어휘를 의미하지 않을 뿐 아니라 정교한 어법이 시적이고 화려한 언어 사용을 뜻하지도 않는다. 어법들 사이의 구별에서 중요한 것은 어디에 적합한가이다. 제한된 어법은 화자 집단 내에서 공유되고, 상식적이고 당연시되는 지식이 많이 있는 상황에서 우수한 것으로 보인다. 그것은 간결하고, 경제적이고, 정밀하며, 몇 단어로 의미를 전달할 수 있었다. 직접적으로 많이 말해지지 않지만 여전히 문화를 공유하는 데에는 접근할 수 있다.

여기 각 어법들의 예가 있다. 읽고 어떤 어법인지 알아보라.

- 대처는 이번에 정말 잘해 내었다!
- 나는 TV에서 연설하는 마가렛 대처를 보았다. 광부들에 대해 그녀가 말하고자 하는 것이 이번에는 파업을 끝장낼 계획이라는 느낌을 강하게 느끼게 했다. 나는 그녀가 모든 노동조합을 겨냥하고 있다고 생각한다.

첫 번째 예는 듣는 사람들이 마가렛 대처에 대한 이해와 그녀의 견해, 그녀의 역사와 광부들에 대한 그녀의 태도를 공유한다고 가정한다. 그래서 그것은 많은 공유된 의미와 배경 지식을 불러일으키고 집단 구성원으로서 이야기하는 개념을 전달한다. 이것은 제한된 어법이다. 두 번째 예는 정교한 어법이고 모두가 잘 이해할 수 있도록 모든 것을 명확히 설명한다. 특히 고등교육은 학생들에게 화자나 필자의 역사와 경험을 공유하지 않은 사람들에게 명확히 전달하는 방식으로 이야기하고 쓸 수 있도록 요구한다. 정교한 어법의 화자들은 제한된 어법을 사용할 수 있고 사용한다. 그러나 그 반대는 반드시 그렇지는 않다.

번스타인의 저술은 오랫동안 인기에서 벗어나 있었다. 재평가되고 신뢰를 얻은 것은 최근에 와서이다. 남아프리카공화국에서 인종분리정책이 종료된 지 15년 후 전체가 흑인인 마을의 초등학교 출신 아이들은 대학에 가지 못하는 반면, 한때 백인 마을이었던 곳의 학교를 다닐 수 있었던 아이들은 그렇지 않았다. 번스타인은 타운십학교에서 일어났던 일의 관점에서 이에 대한 설명을 할 수 있었을까? 번스타인이 아이들, 그들의 가족과 공동체, 그리고 언어 내부에서 그 문제를 인용하지 않았다는 것을 인식하는 것이 중요하다. 그는 아이들이 특정 맥락에서 정교한 어법을 개발하고 사용할 수 있게 해 주는 방법을 찾도록 추구하지 않았던 학교 내부에 있는 것으로 문제를 인용하였다.

번스타인의 저술에 관해 중요한 것은 권력 문제가 언어에 영향을 미친다는 그의 인식이었다. 그는 비고츠키의 근접 발달 영역(zone of proximal development, 이 책의 앞부분에서 언급)에 관심이 있었고, 그는 그것을 사회 세계의 인지적 표현으로 보았다. 그는 의미와 문화적 도구(책, 단어, 상징체계)가 서로 다르고 일치하지 않는 사회적 규칙과 전달되고 습득되는 지식에 대한 태도에 종속한다고 믿었다. 그의 주된 관심은 교수법에 있었고, 여기서 그는 아이들이 다른 방법으로는 접근할 수 없고 공유할 수 없는 의미들을 교육자들이 전달할 수 있어야 한다고 믿었다. 당시는 브루너가 번스타인뿐 아니라 이반 일리히(Ivan Illyich)의 저술에 의해서도 영향을 많이 받았다는 것을 알면 흥미로울 것이다. 1970년대에 그는 교육자들이 편견과 사회적·인종적 불평등을 영속화시키지도 제도화시키지도 않아야 한다고 열렬하게 주장한 *Poverty and Childhood*라는 감동적인 에세이를 썼다.

실천을 위한 함의

맥도나프와 맥도나프(McDonagh and McDonagh, 1999)는 그들이 쓴 장(chapter)을 '말하는 것을 학습하기, 학습한 것을 말하기(Learning to Talk, Talking to Learn)'라 부른다. 그리고 이것이 어린이들과 함께 하는 우리의 연구에서 우리 마음의 배후에 있어야 할 것이 무엇인지를 정확히 말해 주는 것이다. 여기서 실천에 영향을 미치는 것들은 솔직하지만 아주 중요하다. 그것들은 모두 공유된 관심의 측면에 관계되는 것들이다. 브루너는 유아들의 삶에서 일상생활이 얼마나 중요한지에 관심을 둔다. 이것은 이제 수용된 지혜가 되었다. 대부분의 환경은 이러한 하루 중 순환되는 사건들은 학습을 위한 중요한 기회라는 것을 인식하고 있다. 브루너는 엄마와 양육자가 어떻게 유아의 욕구와 관심에 맞추어 이러한 의식 동안에 직감적인 가르침을 제공하기 시작했는지에 관한 문헌을 검토하였다. 그들은 아이의 시선을 지켜보고, 아이의 반응을 보고, 언어로 과업을 연결하고, 상호관계를 설정했다. 때로는 아이의 초점이 양육자의 초점이 되기도 하고, 때로는 양육자의 초점이 아이의 초점이 되기도 하였다. 그래서 브루너에 따르면 성인은 아이가 배울 수 있게 해 주는 틀(framework)이나 스캐폴딩(scaffold)를 제공할 수 있다. 여기서 비롯된 실천가들을 위한 많은 조언이 있다.

1. 우리는 우리가 제공하는 활동이 아이들의 경험을 바탕으로 한 것이며 그러한 활동들 중 일부는 친밀한 것이고 일상화된 것이라는 사실을 확인할 필요가 있다. 이러한 활동 내에서 성인들은 아이들의 반응에 단서를 줄 수 있다. 여러분이 하루에 자리 잡은 일상과 의식에 관해 생각해 보라. 이야기 시간, 저녁식사 시간, 이야기 나누기 활동, 기저귀 갈기, 수유, 노래하기 등등.

2. 우리는 집에서 말하는 구어의 관점에서 아이의 조기 언어 경험에 관해 우리가 가능한 많이 알고 있는지 확인할 필요가 있고, 우리는 사용된 언어에 관해 판단을 하지 말아야 할 필요가 있다. 우리는 차이를 존중해야 하고 결핍이라는 생각을 피할 필요가 있다.

3. 우리는 아이들이 화자로서 그리고 청자로서 발달할 수 있도록 할 필요가 있다. 그러기 위해서 우리가 아이들에게 개별적으로 그리고 집단으로 이야기할 때 언어의 형식과 기능을 우리 자신이 모델화할 필요가 있다. 더

구나 우리는 우리의 환경이 이야기를 소곤거리고 아이들이 질문하고 답하도록 권장하는지를 확인해야 한다. 우리는 아이들이 하는 말에 흥미가 있는 것처럼 아이들의 말을 경청할 필요가 있다. 우리가 아이들이 말하는 것에 흥미를 가질 필요가 있다는 것은 말할 필요가 없다.

4. 우리는 이야기를 하고 읽고 아이들이 자신의 이야기를 하도록 하고 때로는 아이들이 선택하면 그것을 실연하게 할 필요가 있다.

5. 우리가 설정하는 활동들이 아이들과 아이들의 흥미에 적합한 분명한 목적을 가진다는 점에서 아이들에게 의미가 있을 필요가 있다. 최선의 실천에서 활동은 아이들의 관찰된 흥미에 반응하여 설정되어야 한다. 이렇게 할 수 있는 여러분의 활동을 생각해 보라. 모래와 물놀이, 만들기와 관련된 세우기, 자르기, 붙이기와 기타 활동, 역할 놀이, 가정 놀이, 환상극 놀이, 그리기, 노래와 춤, 이야기 시간, 재배하기, 요리하기 등.

6. 우리는 아이들에게 흥미가 있고 주위의 아이와 함께하게 되는 것이 무슨 활동인지 세심한 관심을 기울일 필요가 있다. 이것은 우리가 아이들에게 관리를 해 주어야 하고 아이가 참여하는 것에 직접 관련되지 않는 질문을 통해 아이를 테스트하지 않도록 준비할 필요가 있다.

나가기 : 되돌아보기, 미리 보기

이 장에서 우리는 아이들이 어떻게 사물의 이름을 부르는지 그리고 어떻게 사물을 가리키는지를 배우게 되는지 살펴보았다. 이것이 아주 단순하고 직설적인 것처럼 들리지만 우리는 다른 사람들이 아이디어와 마음, 감정을 가지고 있다는 것을 알고, 우리가 다른 사람들과 세상을 공유한다는 것을 알고, 다른 사람들이 우리와 상호작용하고 의사소통하기를 원한다는 것을 알고, 우리가 사용하는 일련의 표현체계와 의사소통체계를 가지는 것과 같은 복잡한 이해를 포함한다는 것을 알았다. 즉 구어 외에 제스처, 표현, 억양, 신체언어, 눈으로 가리키기, 가리키기. 우리는 다른 사람과의 의사소통이 어떻게 공유된 관심의 초점을 포함하는지 살펴보았다. 유아나 아이 그리고 성인이나 다른 사람이 동일한 사물이나 사건 혹은 사람에 집중하지 않으면 의사소통은 없게 된다.

우리는 난처한 언어와 권력의 문제도 다루었고 1950년대 번스타인의 저술이 학교에서 성공하지 못하는 집단을 발생시키는 주요 요인으로 언어 자체에 관한 것을 어떻게 분석하려 했는지 살펴보았다. 번스타인의 생각은 그의 저서를 너무 문자 그대로 읽는 사람들에 의해 공격을 받았다는 사실이 드러났다. 이 장은 다시 실천을 위해 우리가 말해 왔던 것에 영향을 미치는 것들로 마무리되었다.

다음 장에서는 아이들이 어떻게 요청하고 질문하는지에 관한 브루너의 생각으로 관심을 돌린다.

제 7 장

요청하는 것과 질문하는 것 배우기

들어가기

이 장에서는 언어 습득에 관한 브루너의 생각을 계속해서 검토하면서, 아이들이 어떻게 지시하기(이름 부르기)를 배우는지를 검토하는 일에서 브루너가 '요청(request)'이라고 부르는 것을 어린이들이 학습하는 것을 살펴보는 문제로 이동한다. 우리는 학습자가 질문하고 무엇인가를 요청하는 패턴에 관해 알아야 하는 것이 무엇인지를 검토한다. 이것은 아이가 억양 패턴에 관한 어떤 것을 알아야 할뿐만 아니라 요청하기에 관한 구문적 혹은 문법적 규칙에 관해 어떤 것을 알아야 한다는 것을 의미한다. 우리는 브루너의 세 가지 요청 유형을 살펴보기로 한다.

1. 대상(사물)에 관한 요청
2. 어떤 사람에게 참여하기를 요청한다는 관점에서의 초대
3. 도움 요청

언어 습득의 모든 측면이 맥락 내에서 발생한다는 것을 기억하는 것이 중요하다. 우리는 가정과 공동체에서 언어를 학습하는 도제로서 어린아이를 보고, 공동관심(joint attention)과 공동의도(joint intention)에 관한 연구를 검토한다. 우리는 학습의 관점에서 효과적

인 질문자인 어린이들의 중요성을 살펴봄으로써 이 장을 마치기로 한다. 이렇게 하면서 우리는 브루너와 지속적으로 밀접한 연관을 가지는 레지오 에밀리아의 규정으로 관심을 돌린다.

대상(사물)에 관한 요청

브루너는 무엇을 부탁하거나 요청하는 것이 맥락에 깊이 연관되어 있다고 말한다. 여기서 그가 의미하는 것은 도움이나 서비스를 요청하는 것에서부터 물건, 정보, 인정에 이르기까지 우리가 무엇인가를 요청하고 싶다 하더라도 우리는 많은 것을 고려해야 한다는 것이다. 우리는 아이와 다른 사람과의 관계, 아이의 문화 속에서 질문이 형성되는 방식, 아이의 의도가 무엇인지, 대화가 어디에서 일어나는지를 고려해야 할 필요가 있다. 가정 내부에서의 요청은 보다 공식적인 장소(예를 들면, 병원이나 교실)에서의 요청과 몇 가지 점에서 거의 확실히 다르게 된다. 우리가 아는 바와 같이 브루너의 연구는 주로 엄마나 양육자와 아이와의 관계에 집중하였고, 그는 어린아이의 요청이 물건이나 대상에 대한 요청에 관련된 것임에 주목하였다. 사물을 요청하는 어린아이들의 예를 살펴보고 요청을 하는 사람(아이)이 요청을 요구 받는 사람에 대해 무엇을 해야 하는지 우리가 이해할 수 있는지 보자.

- 'More dink'(drink) : 16개월 된 클라리사가 엄마에게 마실 것을 요

청하면서 이렇게 말한다.

클라리사는 엄마가 음식과 마실 것의 출처임을 알고 엄마가 요청에 따를 것임을 안다.

- 'Give car' : 20개월 된 헬무트는 자기와 친구 로리 둘 다 가지고 놀고 싶어 하는 자동차를 로리에게 달라고 요청하면서 이렇게 말한다.

  이것은 헬무트가 엄마, 양육자, 또는 형제자매들과 가지는 정서적 연대가 친구에게는 훨씬 덜하기 때문에 성공하지 못할 수도 있는 요청이다. 자동차는 둘 다 원하는 것이기 때문에 친구가 그의 요청을 따를지 그는 알지 못한다.

- 'Me cup' : 15개월 된 라비는 그에게 컵을 쥐어 주는 할머니에게 이 말을 한다. 하지만 그가 고개를 가로젓고 계속 요청을 할 때 할머니는 그가 요청하고 있는 것이 특정한 컵임을 알게 된다. 즉 그가 제일 좋아하고 'my'라는 의미의 'me' 표시가 붙어 있는 컵.

  라비는 할머니가 자신에게 한 첫 번째 제시에 대한 거부를 허락할 정도로 충분히 자신을 잘 알고, 자신을 사랑하기 때문에 그가 꼭 원하는 것을 주고 싶어 할 것이라고 이해한다. 그가 다른 환경에 있었다면 보다 공식적인 환경에서의 압박 때문에 그는 요청을 수정해야 할 것이다.

미국에서 실행된 한 연구에서 낮은 질의 자녀양육을 제공하는 것으로 묘사되는 환경에서 공동관심을 개선하는 것이 어린아이의 언어

발달을 높여 줄 것인지 물었다. 연구자들은 마흔네 곳의 양육 센터를 찾았고, 모두 참여에 동의하였다. 센터 중 절반의 많은 직원들이 활동에서 공동관심을 개선하는 방법에 관한 연수를 제공 받고 시간이 지나면서 관찰되었다. 다른 센터들은 특정 연수 없이 통제집단을 제공하였다. 이것은 소규모 연구이며, 따라서 이 연구를 일반화하는 것은 위험하다. 하지만 결과는 흥미롭고 연관성의 가능성이 있었다. 공동관심 활동을 제공하는 방법 연수가 아이들의 언어발달에 긍정적인 영향을 미쳤다(Rudd, 2008).

여러분의 특정 언어, 가족, 공동체에서 요청이 형성되는 방법에 관해 잠시 멈추고 생각해 볼 필요가 있다. 어떤 가족에서는 공손한 행동으로 간주되는 것에 관해 일정한 절차가 요구된다. 예를 들면, 'please', 'thank you'라고 말하는 것. 어떤 공동체에서는 눈맞춤이 공손한 행동으로 간주되는 반면, 다른 공동체에서 이것은 불손한 행동으로 간주될 수도 있다. 양육자는 아이가 무엇을 요청하는 데 있어 수용 가능한 방법을 가르치는 사람이다. 여기 개인적 경험과 브루너의 연구에서 나온 예가 있다.

- 너는 이것을 진정으로 원하니? 확실해?
- 제발 소리 지르지 마. 점잖게 요청해.
- 안 돼, 발을 구른다고 그것을 가질 수는 없어.
- 아니, 소리 질러 봐야 소용없어. 접시에 아직 남아 있잖아. 다 먹었을 때 더 요구할 수 있어.

- 원하는 게 뭐야? 이 책? 아니, 이 책?

때로 어린이들은 손이 닿지 않는 곳에 있거나 어른의 신체적 개입이 필요한 어떤 것을 원한다는 것을 나타낸다. 양육자가 반응하는 방법은 리차드가 'sos-man'을 요청한 브루너의 예에서처럼 작은 언어 '배우기(lesson)'로 전환된다. 그의 엄마는 대답한다. "아니, sos-man은 안 돼. 중간에 글자 'p'가 있는 냄비(saucepan)라고 말해"(Bruner, 1983: 101). 브루너의 분석은 이와 같은 반응이 아이가 '아기' 단어(baby words) 사용에서 실질적이고 인식 가능한 단어 사용으로 대체할 수 있는 존재로 이동하게 한다는 것이다. 우리가 본 바와 같이 아이들의 요청은 양육자가 아이들에게 언어에 관해서뿐 아니라 사회적으로 수용 가능한 행동까지 가르칠 수 있는 풍요로운 토양을 제공한다. 브루너에게는 양육자나 엄마가 특히 아이들이 사물을 요청할 때 강조할 수 있는 다섯 가지 중요한 요소가 있다.

1. 요청은 도움을 받기 위한 실질적인 요구를 반영해야 한다. 요청이 그러한 요구를 반영하지 않으면 아이가 혼자 해 보거나 직접 접근할 것을 제안하는 기회를 줘야 한다.
   - "너는 저 비스킷을 원하는구나. 손을 뻗어서 집어 봐!"
2. 하루의 시간과 일상적인 일들이 지켜져야 한다. 예를 들면, 점심 시간 직전에 비스킷을 요구할 때나 취침 시간 후에 음료수 한 잔을 더 요구할 때.

- "안 돼, 라우아, 지금은 안 돼. 티타임이 다 됐잖아."

3. 요청은 합리적이어야 하고, 양육자의 너무 많은 노력을 요구해서
   는 안 된다.
   - "넌 책을 원하니? 책은 다른 방에 있잖아. 난 너무 피곤해서 못
     가. 네가 직접 가져오렴."

4. 양육자나 성인의 도움은 감사히 여겨져야 하고 당연하게 받아들
   여져서는 안 된다.
   - "내게 고맙다고 말하는 루카, 넌 참 착한 아이구나. 내가 너무
     피곤하다는 것을 알아야 해."

5. 양육자가 아이를 위한 어떤 일을 거절할 때, 양육자는 그렇게 하지
   못한다는 구두상의 이유를 은연중에 아이들이 받아들이기를 기대
   하고 있다.
   - "아니, 난 지금 너무 피곤해." "아니, 지금은 네 차례가 아니야."

마지막 예에서 성인은 아이의 요구에 반응을 함으로써 아이가 환경
이나 교실에서 수용 가능한 사회적 의식 속으로 향하게 유도하고 있
다. 그래서 요청은 사회적으로 수용 가능한 행동을 학습하는 결과를
낳는다. 브루너는 우리에게 다음을 일깨운다. '아이들은 처음에는 자
기들이 원하는 것을 갖고, 놀이를 하고, 의존하는 사람들과의 관계를
유지하기 위해서 언어 사용을 배운다. 그렇게 하면서 아이들은 주변
을 둘러싼 문화에 만연한 제약들이 그들 부모들의 규제와 관습에 내
재되어 있음을 발견한다(Bruner, 1983: 103).

아이들은 부모 이외의 많은 사람들과 상호작용하고, 모두 아이들을 언어와 문화의 전통 속으로 끌어들이는 역할을 한다. 부모는 아이들을 가정의 문화 속으로 끌어들이고, 실천가들과 교사들은 아이들을 학교, 교실, 환경의 문화 속으로 끌어들인다. 브루너는 이러한 상호작용(그는 비대칭적인 상호작용이라고 부르는)에서 성인들은 아이의 대리인(agent)이라고 말한다. 그들은 아이들이 원하고 요구하는 것을 한다.

공동 행동 : 공유된 관심에서 공유된 의도로

우리는 아주 어린 아이들과 성인들(대개 양육자)이 어떻게 다양한 의사소통 수단(가리키기, 눈으로 가리키기, 다른 사람 눈길 따라가기, 발성, 단어)을 통해 핵심적인 관심을 공유할 수 있게 되느냐에 관해 생각해 왔다. 그러나 시간이 지나면서 더 복잡한 것이 나타난다. 두 사람이 일상을 함께 할 때 그것은 공유된 관심일 뿐 아니라 공유된 의도이기도 하다. 인간 행동은 대개 목적이 있다는 것을 알고 있다. 브루너가 제시한 바에 의하면 목표지향적이다. 아이들은 발달하고 자라면서 어른이 자신들의 의도를 공유하도록 유도할 수 있게 된다. 그 반대도 가능하다. 이제 언어 습득의 관점에 관해 생각해 보자. 우리는 아이들이 대상이나 다른 사람들을 어떻게 부르고 언급하는지 알아보았다. 우리는 아이들이 질문에 어떻게 반응할 수 있게 되고 어떻게 질문을 할 수 있게 되는지 검토하는 단계로 옮겨 간다. 이렇게 할 수 있게 되기 위하여 아이들은 질문이 어떻게 표현되는지 이해할 필요가 있을 뿐 아니라 질문을 뒷받침하는 그 조건도 이해할 필요가 있다. 여기 로저 브라운의 저서(1973)에서 뽑은 예가 하나 있다. 그는 그가 연구하는 유아들 중의 한 명인 아담의 엄마가 두 가지 다른 방식의 질문을 한다는 것을 알게 되었고 이 질문들은 적절히 반응하기 위해 아이가 알아야 할 것에 관해 생각하도록 한 예이다. 여기 여러분이 생각할 두 가지 질문이 있다. 각 질문으로 엄마가 무엇을 하고 있다고 생각하는가? 어떤 점에서 질문들이 다른가?

1. 이제 공을 가지고 가서 노는 게 어때? (Why don't you got and play with your ball now?)
2. 지금 왜 공을 가지고 놀고 있니? (Why are you playing with your ball now?)

첫 번째 질문에서 엄마는 아이에게 무엇인가를 하라고 요청하고 있다. 공을 가지고 가서 놀아라. 그것은 행동의 요청이다. 두 번째 질문에서 엄마는 정보를 요청하고 있다. 엄마는 아이가 왜 공을 가지고 놀고 있는지 묻고 있다. 이것은 명백히 정보에 대한 요청이다. 이 정보 질문에 대한 아담의 대답은 대개 '왜냐하면…'으로 시작한다. 그는 '행동 요청' 질문에 대한 응답으로는 절대 이런 식으로 시작하지 않는다. 그는 질문의 목적이나 의도를 이해할 수 있었음에 틀림없다. 이것은 어린아이들에게 있는 복합적인 행동이고 간주관성의 또 다른 예이다. 아주 유사해 보이는 두 질문(둘 다 공에 관한 질문)이 실제로 서로 다른 이유에서 질문되었다는 것을 아이는 배우지 않고서도 이해하게 된 것이다.

1~2살 정도의 어린아이들은 이미 인간만이 가지고 있는 사회적 인식에 참여하기 시작해 왔다. 아이들은 관심의 초점을 공유하면서 타인과 상호작용한다. 이것은 아이들이 공유된 과업에서 다른 관점을 취할 수 있기 위하여 자아와 타자를 비교하는 것을 필요로 한다. 피아제의 저술에 친숙한 여러분은 아주 어린 아이들은 환경중심적이고 자신들의 관점이 아닌 다른 관점으로 세계를 볼 수 없다고 생각한다. 토마셀로와 라코치(Tomasello and Rakoczy, 2003)는 이 점을 논쟁하고 예를 들어서 언어의 경우 아이들이 의미를 공유하는 데 필수적인 언어학적 상징을 사용하는 것을 배우고 사물을 가지고 놀 때처럼 단어를 가지고 놀 수 있다고 제안한다. 나아가 그들은 아이들이 한 사람의 중요한 성인과의 공유된 관심의 초점을 가지고 공유된 활동에 간단하게 참여하는 데서부터 신념이나 가치와 같은 아주 추상적인 체계를 이해하기 시작하는 보다 복합적으로 공유된 집합적인 의도로까지 나아간다고 주장한다. 타인의 관점을 취하는 것을 포함하여 공유된 관심의 초점은 문화에 대한 이러한 보다 추상적이고 복합적인 이해로 가는 디딤돌이다. 이것은 진지하고 중요한 포인트이고 생각할 시간을 가질 가치가 있는 것이다. 그것은 탈리스(Tallis, 2010)의 저술과 연관된다. 그는 가리키기 행동에 관해 이야기할 때 아주 어린 아이일지라도 자신이 혼자도 아니고 모든 것의 중심도 아니라는 사

실을 알아야 한다는 것을 어떻게 나타내느냐에 관해 확신을 가지고 있었다. 아이들은 타인과 함께하는 세상에 살고 있다.

아이와 양육자가 과업이나 행동이나 경험을 함께하는 평행관계에서 요청이 발생하고, 아이는 양육자에게 어떤 것을 보거나 하도록 권유한다. 행동을 함께하도록 하는 최초의 권유는 성인과 아이가 함께 어떤 일을 하는 곳에서 이미 보았던 게임의 형태로 일어난다. 시간이 지나면서 아이는 무엇이 일어날지 예측할 수도 있게 되고 게임을 시작하고 계속하도록 성인을 초대할 수도 있게 된다. 여기 몇 가지 예가 있다.

- 한나의 엄마는 아기의 다리를 들어 올리면서 한나와 놀이를 하고, 공중에 다리를 들고 있고, 셋까지 세고, 다시 내려놓는다. 한나는 엄마가 놀이를 하도록 명백히 초대하면서 엄마가 접근할 때 발을 들어 올리는 것을 아주 빠르게 배운다.
- 비시토의 누나는 비시토가 6개월이었을 때 그와 놀아 줄 놀이를 만들었다. 그녀는 비시토를 무릎 위에 앉히고 흔들면서 노래를 불러 주었다. 점점 더 빨리 흔들자 노래도 점점 더 커졌다. 아기를 위아래로 흔들자 그녀가 무릎을 평평하게 펴면서 놀이는 끝났다. 그녀는 숨을 멈추고 아이가 흔들 때 비시토를 안아 준다. 그 후 비시토는 누나의 손을 잡고 위아래로 흔들면서 그녀를 놀이에 초대한다. 그런 다음 그녀의 무릎 위에 올라가서 마침내 노래의 첫 소절을 내지른다.

브루너는 행동에 함께하도록 누군가를 초대할 때 어린아이들이 내는 발화(發話, utterance)는 어떤 의미에서는 더욱 정교하고 또 다른 의미에서는 더욱 단순하다고 말한다. 이 '더욱'이라는 단어는 자주 일어나고 아이가 '제발 엄마', '멋진 엄마' 등과 같은 애교 있는 구절을 사용하기 시작한다는 것을 알게 된다는 것에 놀라지 않을 것이다. 자신의 간청이 어른들로 하여금 참여하게 만드는 데 예외 없이 성공적이라는 사실을 깨닫는 아이들의 능력은 놀라우며 아이들이 다른 사람의 마음을 얼마나 잘 이해하는지를 보여 준다. 공동 행동은 놀이의 형태이기 때문에 양식(format)이면서도 강압적이지 않다는 사실을 기억하는 것이 중요하다. 아이로서는 나빠질 것이 없다. 어른은 "그래. 흔들목마 게임하자." 또는 "나는 눈을 그릴 테니까 너는 코를 그려 봐." 같은 말을 함으로써 아이의 언어 학습을 뒷받침하는(scaffold) 방법으로 반응하는 법을 선택한다. 그러나 놀이의 핵심은 공동 행동의 기쁨, 예측, 성과에 있다.

지원 행동 요청

도움을 요청하는 것은 모든 아이가 배우는 것이고 일련의 기술과 이해를 포함한다. 아이들은 목표지향적인 과업에 참여할 때 도움을 요청하는 경향이 가장 강하다. 다시 말해서, 아이들은 어떤 일을 시작할 때 그리고 문제나 어려움에 부딪혔을 때 도움을 요청하기 쉽다. 그러나 도움을 요청한다는 것은 필요한 말을 한다거나 필요한 동작을 한다는 것을 포함한다. 자신의 목표를 이루기 위해서는 어떤 일을 하거나 자신의 능력 이상의 어떤 것을 사용해야 한다는 것을 깨달을 수 있는 커다란 개념적 도약을 포함한다. 아이들은 혼자서 할 수 없는 일을 도움을 받아서 할 수 있다는 것을 인식해야 한다. 그리고 이것이 스캐폴딩이라는 걸 기억하라.

브루너는 다음과 같은 세 가지 종류의 도움 요청을 확인하였다.

1. 위치 이동 도움(한 장소에서 다른 장소로 움직이는 것을 도움, 어떤 것을 보거나 그것에 닿기 위해 들어 올려짐, 어떤 것에 올라가거나 어떤 데서 내려오는 것을 도움). 이러한 것들이 아이들이 처음으로 요청하는 것들이고 이러한 것들을 말로 요청할 필요가 없다. 아이들은 들어 올려지기 위해 팔을 벌릴 수 있고 그들이 서 있고 싶은 창턱을 가리킬 수 있다.
2. 정교함 지원(정교한 일이 되도록 도움. 예 : 상자 열기, 부품 조립, 나사 돌리기, 음악상자 태엽 감기, 뚜껑 열기 등)
3. 힘 지원(아이가 너무 키가 작거나 너무 가벼워서 육체적 목표를 도달할 수 없을 때 도움을 요청 — 예를 들어 의자를 들거나 문을 여는 것)

브루너의 연구에서 그는 이런 종류의 도움에 대한 아이들의 처음 요청은 종종 아이들이 임무를 완수할 수 없다는 걸 알고 어른이 완수하도록 넘기는 것과 관련된다는 것에 주목했다. 가끔씩 그 요청(처음에는 미완성된 대상을 어른에게 넘겨주는 형태로)이 발성을 동반하지만 항상 그렇지는 않다. 아이는 종종 어른의 일을 시작할 때 참을성 있게 기다려 어른이 그것을 조립했을 때 그 완성된 대상을 기쁘게 돌려받았다. 아이들이 성숙해 가면서 어른들이 그 임무를 수행하기 위해 어떤 일을 하는지에 관심을 기울이기 시작했다. 그 뒤에도 여전히 아이들은 가끔씩 어떤 일을 하거나 무엇을 만드는 과정에서 도움을 요청했다. 여기 채 2살이 되지 않은 리차드가 엄마에게 도움을 요청하는 놀라운 에피소드의 일부가 있다. 여기에서의 도움 요청은 행동에 내재되어 있고 리차드의 엄마는 그가 무엇을 필요로 하는지 알아내는 데 있어 종종 그의 안내를 필요로 한다. 리차드는 "엄마, 엄마."라고 계속해서 말하면서 한쪽은 열려 있고 다른 한쪽은 잠겨 있는 찬장을 가리킨다. 그리고 나서 'up cupboard, up cupboard'라고 요구한다.

엄마 : 'up cupboard'가 무슨 뜻이니?
리차드 : 엄마, 일어서 봐요.
　　　　[엄마와 관찰자는 웃는다.]
리차드 : cupboard, cupboard.
　　　　[여러 번 반복한다.]
엄마 : [일어서서 찬장 옆에 있는 리차드에게 간다.] 나는 찬장을 들어 올릴 수 없단다.
　　　　[리차드에게 부드럽게 말하면서 찬장을 연다.]
리차드 : [꼼지락거리며 서 있다. 찬장을 들여다보고, 장난감 전화기

를 본다.]

전화기.

엄마 :　이 전화기 두 개 가지고 노는 게 어때? 전화기를 꺼내서 전화를 걸어 봐. [엄마는 걸어가고 찬장 문은 다시 닫힌다.]

리차드 :　엄마. [엄마한테 가서 엄마 손을 끌고 찬장 쪽으로 간다.]

엄마 전화기 꺼내 줘. [찬장을 다시 열려고 하며 엄마를 쳐다본다.]

엄마 :　[찬장 문을 열어 두고] 여기 봐! 이제 네가 전화기 꺼내.

리차드 :　[찬장에 손을 뻗어] 접시가 나왔다! [흥분해서]

(Bruner, 1983b: 110-11)

여러분은 아이와 엄마가 둘 다 의사소통을 위해 얼마나 애쓰는지 알게 된다. 둘 다 인내심을 가지고 행동한다. 마침내 리차드는 원했던 접시를 꺼낼 수 있게 된다. 아이는 잠시 전화기 때문에 옆길로 샜지만 초점을 유지하고 찬장을 열어 달라고 계속 주장했다. 이 일이 있고 난 두 달 후 아이는 목표를 이루기 위해 일상적으로 그리고 좀 더 성공적으로 엄마에게 도움을 요청할 수 있게 되었다.

가정과 공동체에서의 견습생(도제)

아이들이 유아기부터 언어를 배우고 있다는 걸 알고 있다. 아이들은 하루 종일 집에서 그리고 지역사회에서 매일 언어를 들으면서 언어에 휩싸여 있다 — 식사시간, 잠자리에 들 때, 청소나 집안일을 할 때, 부모나 양육자와 밖에 나갈 때, TV 앞에서, 형제자매들과 같이 놀 때, 라디오가 켜져 있을 때, 기타 등등. 이 모든 일이 언어를 사용하는 시간이고 앞으로 언어를 사용할 수 있는 시간들이다. 그래서 아이들은 가정이나 지역공동체에서 도제(徒弟)로 간주될 수 있다. 아이들은 단어가 그들을 둘러싼 모든 사회적 환경에서 사용되는 방식을 지켜보고, 듣고, 배우고, 연습하고, 흉내 내고, 흡수하고, 변형시키고, 창조하는 것이다. 이 말이 다소 임의적이고 무계획적으로 들려도 실은 매우 구조화되어 있다는 것을 상기해야 한다. 언어는 규칙에 묶여 있고 목표지향적이다. 우리는 의미를 만들어 내고 공유하기 위해 말을 한다. 그리고 우리는 종종 우리의 언어를 함께 묶는 규칙을 고수하지만 가끔씩 그 규칙을 어긴다. 규칙은 문장이 어떻게 만들어지는가 혹은 어떤 소리를 사용하는가뿐만 아니라 좀 더 미묘한 것들과 관련되어 있다. 우리의 가정과 공동체 생활에서 언제 말을 해야 하고, 언제 침묵을 지켜야 하는지, 누가 더 힘을 가지고 있는지, 무슨 말을 할 수 있는지, 어떤 일을 누구에게 말해도 되는지 이러한 것에 대한 규칙이 있다는 걸 생각해 보라.

여기 한 그룹의 학생들의 공동체 안에서의 언어의 규칙에 대해 몇 가지 예를 들어 보겠다.

미나 :　우리 가족은 절대로 성(sex)에 대해 말하지 않아. 만약 내가 성에 대해 말하면 충격과 실망을 일으킬 거야.

알피 : 우리 집에서는 정치에 대해 얘기하는 것이 허락되지 않아. 우리 아빠는 내가 조금이라도 정치적인 것에 대해 언급하면 화난 표정을 지으셔. 그래서 난 그러지 않아야 한다는 걸 배웠어.

라샤다 : 우리 집에는 아주 구식이고 성차별주의자적인 위계질서가 있어. 아버지는 지혜를 가진 사람으로 간주되고 항상 먼저 말씀하실 수 있는 사람이고 다음이 형 그리고 다음이 나, 그리고 내 여자형제들이야. 새로운 화제를 내가 꺼내는 것은 꿈도 꾸지 못해.

인디아 : 우리 집에서는 무슨 이야기든 할 수 있어. 그런데 우리는 다언어(multilingual) 집단이야 — 우리는 적어도 네 개의 언어로 말해 — 어떤 언어는 어떤 주제를 위해 말해지고 다른 언어들은 다른 주제를 위해 말해져. 나는 어디서 이러한 것이 오는지 모르겠어.

언어 습득과 관련한 많은 문헌이 단일언어 연구와 관련되어 있는데 우리는 다언어세계에서 살고 있고 우리 학교와 환경에는 같은 언어를 사용하지 않는 아이들이 많다. 따라서 이중 언어 습득에 관해 아는 것도 중요하다. 여기서 이 문제를 상세하게 다룰 여유는 없다. 하지만 소규모이지만 최근에 두 언어 습득을 검토하는 흥미로운 연구 프로젝트가 있다. 매크로리(Macrory, 2007)는 이중 언어를 구사하는 아이가 어떻게 언어를 구성하는지 살펴보면서 불어와 영어의 다른 규칙체계를 연구했다. 매크로리가 가능한 연구 질문을 많이 가지고 있었지만 두 언어에 있어 아이의 질문 개발을 살펴보는 데 초점을 맞추었다. 연구대상인 아이는 아델이라고 불리는 여자 아이로 많이 였다. 아델은 불어를 사용하는 엄마가 주로 보살폈고 영국에 살지만 불어를 사용하는 아이와 같이 집에서 노는 선택권이 주어졌다. 아버지는 영어 사용자이고 집에 있을 때 아델에게 영어로 말했다. 아델의 엄마는 불어를 할 줄 모르는 시어머니가 방문했을 때에만 영어를 사용했다. 아델의 엄마 아빠 둘이 말할 때는 영어를 사용했다. 그 연구는 아델이 2살 때 시작되었고 한 달 간격으로 수집된 샘플에 기초를 두었다. 우리는 아이가 '예'나 '아니요'의 반응을 요구하는 질문을 각각의 언어로 어떻게 하는지를 배우는 예를 살펴볼 것이다. 영어에서 '예'나 '아니요'라는 반응을 하는 질문은 어순이 바뀌어야 한다. 예를 들어, 'She is nice'라는 문장은 'Is she nice?'로 바뀌어야 한다. 불어에서 '예' 또는 '아니요' 질문은 세 가지 중 하나의 방법으로 질문된다. 첫 번째와 두 번째 방법은 의문문표지(question marker) est-ce que('Is it that?'의 뜻)를 끝을 올리는 억양과 함께 사용하는 것이다. 세 번째 방법은 동사와 주어를 바꾸어서 'She eats(Elle mange).'를 'mange-t-elle(Does she eat)?'가 되게 하는 것이다. 불어에서 의문문의 중요 특징은 억양을 사용하는 것이다. 연구자들은 아델의 언어 습득에 있어 단일언어 사용자가 그 언어를 습득하는 방법으로 각각의 언어를 습득한다는 걸 발견했다. 매크로리는 아이가 사용하는 질문들을 살펴보았는데 이는 두 가지 언어로 질문하는 경험이 제공하는 바이다. 엄마는 유창한 불어 구사자로 거의 항상 질문을 할 때 의문문 억양을 사용했다. 아빠는 다양한 변화를 주면서 질문을 한다. 그리고 아델은 아빠는 물론이며 마을에 사는 모든 사람들에게서 영어를 듣는다. 그래서 그녀의 영어 사용(투입)은 다른 발화자들을 모델로서 본받음으로써 섞일 수도 있다. 엄마에 의해 주로 영향을 받은 게 분명한데 이는 아델이 억양은 불어를 사용하면서 영어의 주어동사 도치 의문문을 사용하는 것을 더 선호하는 것을 보면 알 수 있다.

따라서 우리는 어린아이가 어떻게 주변을 둘러싼 사람들을 모델로 해서 언어를 배워 나간다는 걸 알 수 있고 이는 선천론자(nativist) 견해보다 구성주의자(constructivist)의 견해를 더 지지한다.

질문자 되기

적극적 학습자로서의 브루너 연구의 아이 모델은 의미를 구성하고 공유하면서 가정하고 질문하는 아이 모델인 것처럼 보인다. 아이는 자신이 만나는 사건, 대상, 사람, 활동, 경험에 관하여 끊임없이 질문을 한다. 화법을 습득하기 전에, 우리가 아이가 하고 있는 것이 무엇인지, 왜 하고 있는지를 인내심을 가지고 이해하려고 노력하기만 한다면 우리는 아이의 질문을 분명히 알 수 있다. 여기 여러 가지 관찰 사례는 이 아이들이 어떤 질문을 사용하는지 하는 관점에서 분석한다.

- 테오(생후 10개월)는 어느 날 내가 머리 빗는 걸 따라 하고는 이제

질문하는 아이

빗처럼 생긴 아무거나 사용해서 머리를 빗는다. 그는 심지어 빗자루나 손톱 솔도 사용한다. 오늘 아침 내 다리를 면도하는 걸 보고서는 그가 들고 있는 숟가락을 사용해서 도우려고 했다(Karmiloff-Smith, 1994: 185).

- 보라(생후 22개월)는 나뭇잎을 모아서 작은 바구니에 다 넣는다. 그리고 안으로 가지고 들어가서 각각을 골똘히 살펴보고 세 개의 다른 나뭇잎 더미로 분류한다.
- 에바리나(생후 8개월)는 거울 앞에 앉아서 머리를 계속 만진다. 그러고 나서 코를 계속 만진다. 그리고 눈을 감는다. 눈을 떴을 때 얼굴에는 놀라는 표정을 띤다.

아이들이 어떤 질문을 하는가를 우리 자신에게 물을 때 정답은 모른다. 하지만 어림짐작으로 대답할 수는 있다. 추측해 보자.

- 테오는 다음과 같은 질문을 하는 것 같다. '이 머리솔이 머리를 빗는 데 뭐가 좋지? 이 브러시의 털 때문에? 빗자루는 안 되나? 손톱솔은? [둘 다 머리솔과 공통점이 있다.] 우리 엄마는 다리에 뭘 하고 있지? 엄마는 뭘 사용하고 있지? 숟가락처럼 생겼는데?' 이 질문들은 관찰된 행동들의 목적과 연관된 대상의 특징과 관련된다. 아이는 자신이 알고 있는 대상과 비교하고 세부적인 것에 관심을 기울이고 있는지 모른다.

- 보라는 아이들에게 있어서 친숙한 일을 하고 있다. 주변에서 대상을 모아서 어떤 범주에 따라 그 대상을 분류한다. 아이는 '이것들은 다 같은가? 아니 좀 다른가? 큰 것만 찾을 수 있을까? 아님 작은 것만? 짙은 초록색만? 아님 끝이 삐죽삐죽한 것들만?' 이런 질문을 하고 있을지 모른다.

- 어린 에바리나는 거울 앞에서 온갖 질문을 다 하고 있는지 모른다. '저게 나인가? 저게 내 머리카락? 내 손? 내가 손을 움직이면 어떻게 될까? 저게 내 코? 저게 또 내 손? 내가 눈을 감으면 어떤 일이 일어날까? 그래도 내가 저기 있을까?'

여기 아이들이 스스로 제기한 문제들에 대한 답이 몇 가지 있다. 이 답들은 레지오 에밀리아에 있는 영유아 보육센터로부터 나왔다.

- '그 도시에서 어디로 가야 할지 알려면 정보가 필요하다. 그래서 표지판이 있다'(Reggio tutta, 2001).

- '시간은 하늘에 있다… 시간을 알고 싶으면 높은 데 올라가야 한다'(Stefano, Fiastri and Rodari 유치원의 5 · 6세반 아이의 말을 인용. 2001: 39).
- '우리는 아직 미래를 보지 못했다 — 미래가 올 때 우리는 그것을 볼 것이다. 내일의 미래는 오늘의 미래보다 나을지도 모른다 — 날씨가 더 화창해서 우리는 밖으로 나갈 거다'(Omnia, Fiastri and Rodari 유치원의 5 · 6세반 아이의 말을 인용. 2001: 37).
- '내가 파리는 심장이 없다는 걸 발견할 때 나는 과학자다'(Alessia, Fiastri and Rodari 유치원의 5 · 6세반 아이의 말을 인용. 2001: 63).
- '콜럼버스는 아메리카 대륙을 발견했다 — 그는 이미 만들어진 것을 찾은 발견자였다 — 하지만 아르키메데스는 전에 없던 기계를 발명했다'(Claudio, Fiastri and Rodari 유치원의 5 · 6세반 아이의 말을 인용. 2001: 63).

이 놀라운 발췌문들은 우리에게 아이들은 항상 질문하고 대답하고 있다는 걸 상기시킨다. 이는 아이들은 가설을 세운다는 명백한 증거이다.

- 첫 발췌문에서 왜 도시 곳곳에 표지판이 걸려 있는지 궁금해하고 표지판을 그려 봄으로써 그 대답을 찾고 자기가 그린 것을 어른들에게 보여 주는 아이를 본다.

- 스테파노는 시간에 대해 생각하고 시간이 어디에 있는지, 시간을 보려면 어디로 가야 하는지에 대한 복잡하고 추상적인 질문에 대해 대답하려고 노력 중이다.
- 옴니아는 미래가 어떨지 생각 중이고 미래가 올 때 그것을 볼 수 있고 미래는 현재보다 나을 것이라는 가정을 하고 있다.
- 알레시아와 클라우디오는 과학자는 무엇을 하는가를 생각 중이다. 클라우디오는 어떤 것을 발견한다는 것이 무슨 뜻인지 생각하면서 스스로 그 의미를 찾는다. 즉 과학자는 이미 존재하는 어떤 것을 발견(discover)할 수도 있고 전에 본 적 없는 어떤 것을 발명(invent)할 수도 있다.

브루너가 정교하고 상세하게 언어 습득을 연구하는 동안 아이들이 가정에서 환경과 학교라는 공식적인 세계로 옮겨 가면서 질문자가 되어 간다는 것의 중요성에 관심을 덜 기울였다. 그러나 그는 그 유명한 이탈리아 레지오 에밀리아의 유치원 환경을 세우고 운영해 가는 사람들에게 커다란 영향을 끼쳤다. 그는 레지오 에밀리아 시의 친구이자 찬미자가 되어서 1998년에 명예 시민권까지 받았다. 이와 동시에 그의 관심은 개별 아동에서 교육기관으로 옮겨 갔다. 그는 도시 내의 교육 규정을 이해하기 위해서는 도시 그 자체를 이해해야 한다고 말했다. 그에게는 레지오 에밀리아는 너무 크지도 너무 작지도 않은 도시로 묘사되며 그가 말하는 '상호존중(reciprocal respect)'으로 특징지어진다(Bruner, 2004). 우리에게 레지오는 인구 160,000명의 도시이고 그 인구의 12%가 120개국으로부터 온 사람들이라는 것이다. 유치원 규정은 복잡하고 20개의 scuole materne(유치원), 13개의 asili nidi(보육원), 12개의 주립유치원, 21개의 scuole materne와 11개의 협력 영유아 그룹으로 구성되어 있고 그 단체들과 직접적 혹은 간접적으로 제휴를 맺은 지방정부당국에 의해 여러 가지를 제공 받는다. 무엇보다 조기교육과 양육에 대한 실험에 일체의 지식과 이론이 되었다. 그리고 레지오는 아이들이 하는 질문들이 명시적으로 그리고 암시적으로 신중하게 받아들여지는 곳이다.

다음 장에서 교수학에 대한 브루너의 생각을 살펴보면서 더 자세히 알아보자.

실천을 위한 함의

1. 어린아이들과 연구 작업을 하는 사람들에게 지속적인 메시지는 아이들(아기와 유아들)과의 모든 상호작용에서 구어의 중요성에 관한 것이다. 우리는 놀이, 노래, 이름 붙이기 활동 등을 통해 일상생활에서 말(speech)의 중요성에 대해 말했다. 여러분은 아이들이 여러분의 질문에 어떻게 반응하는가 그리고 질문하는 것을 스스로 어떻게 배우는가에 좀 더 관심을 기울이고 싶을지 모른다.

2. 우리 모두에게 아이들이 적극적으로 의미를 만들고 공유하려고 한다는 것을 인식하는 것은 중요하다. 그것은 아이들이 무엇을 하는가를 관찰하고 아이들의 발화를 귀 기울여 듣고 아이들이 관심을 기울이

고 흥미를 가지고 공유된 관심이 있어 나중에 공유된 의도가 있는 활동에 참가할 수 있는 것들에 대해 무언의 질문을 함으로써 가능하다. 모든 가능성 중에 여러분은 이미 많은 걸 하고 있다. 그러나 여러분이 무엇을 하는지를 인식한다는 것은 여러분이 이를 교수학적 도구로 사용하는 것 같다는 의미이다.

3. 공유 또는 공동 관심/의도라는 이슈는 중요하고 유행한다. 우리는 어린아이들이 어떻게 상호작용을 통해 언어를 습득하고 사회적 · 문화적 기술과 지식을 습득하는지 알았다. 우리는 좀 더 큰 아이들이 어떻게 공동체 안에서 상호작용을 통해 믿음체계와 같은 추상적인 것들을 이해할 수 있게 되는지도 잠깐 다루었다. 학교와 환경에서 이러한 것들은 범위를 넓혀 '지속적인 공유사고'라고 불리는 것에 초점을 두게 된다. 이것은 효과적인 유치원 교육 규정(EPPE) 계획(Sylva, 2004)에서 나왔는데 그 계획은 일관된 공유사고를 좋은 실천의 특징이라고 강조한다. 아이들의 관심은 지속되고 다른 사람들과 공유된다. 아이와 어른 양쪽 다 같은 과제, 대상, 문제에 초점이 맞춰져야 한다. 실천가나 교사의 역할은 아이들의 흥미를 끌 수 있는 전후사정이 있도록 하고 아이들이 질문을 일으키게 하고 참여하도록 하는 것이다. 아이들이 무엇을 하는가에 관한 실천가들의 진짜 관심은 이 연구의 중요한 특징이고 민감하고 긍정적으로 상호작용하는 것에 대한 조언이 있다. 지면상으로는 좋고 명백하게 들린다. 하지만 이것이 많은 질문을 일으키고 이 중 하나가 우리 학교의 많은 아이들이 계층도 다르고 학교 문화도 다른 운영자와 다른 경험을 가지고 있는데 그

래도 가능한가 하는 것이다. 다음 장에서 이 문제를 다루어 보자.

나가기 : 되돌아보기, 미리 보기

이 장에서는 아이들이 도움, 사물, 지원, 관심을 요청하기 위해, 그리고 세상에 대한 이해를 증진시키기 위해 어떻게 하는지를 살펴보았다. 영국에서는 질문에 대답하는 아이들을 강조하고 아이들이 질문하는 것에 대해서는 거의 강조를 하지 않는다. 그래도 아이들이 항상 질문을 한다는 많은 증거가 있고 우리는 이를 명심해야 한다. 우리는 아이들이 대상을 요청하는 것을 어떻게 배우는지, 상호작용을 통해 다른 형태의 문제에 어떻게 적절히 반응하는지를 배우는지에 대한 브루너의 생각을 살펴보았다. 우리는 문화 관련 질문하기 그 자체가 어떤지, 어른들이 어떻게 아이들에게 언어뿐 아니라 사회적 관습에 대해서도 가르치는지를 알았다. 우리는 아이들이 다른 사람들과 관심을 먼저 공유하고 그러고 나서 의도를 공유하도록 도와주는 데 있어 질문하기의 역할을 알아보았다. 우리는 도움을 요청하는 아이들에 관심을 기울였고 아이들이 가정과 공동체 안에서 도제로서 어떻게 작동해서 질문자가 되는지 알았다. 이 장은 실천을 위한 이 모든 것들의 영향으로 끝맺는다.

다음 장에서는 교수학에 대한 브루너의 생각을 알아보자.

제 8 장

교수학 : 교수와 학습

들어가기

이 장에서는 관심을 교수의 과학 혹은 기예(art)라 할 수 있는 교수학의 측면으로 돌린다. 이를 통해 브루너의 사고 중 일부를 점검하려고 하는데, 대부분은 1996년 에세이 형식으로 출간된 책*에 드러나 있기도 하다. 그리고 나서 새로운 생각(ideas)이 출판되고 연구가 논의됨에 따라 몇 가지 사고가 어떻게 변경되었고 현재도 변화하고 있는지 탐색해 보고자 한다. 우리는 브루너가 소위 일상 교수학(folk pedagogy)이라 부른 것에 대해 말해야만 했던 것을 살펴봄으로써 이 장을 시작한다. 또한 우리는 초기에 지속적으로 공유된 사고(sustained shared thinking)라 칭했던 것과 관련하여 브루너가 최근에 주안점을 두고 있는 자기 인식(self-awareness)이 이것을 학습하고 바라보는 데 미치는 영향을 자세하게 살펴보고자 한다. 그다음에는 초반부에 언급했던 교육과정에 대한 그의 생각으로 관심을 돌린다. 마지막으로 영국과 유럽에 있는 실천가들의 특히 보살핌(care)의 강조에 관한 실행에 있어서 차이점을 점검하는 몇 가지 재미있는 연구를 고찰해 본다.

---

* 강현석 · 이자현(2005). 브루너 교육의 문화. 서울 : 교육과학사

일상 교수학

브루너는 비고츠키가 '매일의 일상적인(everyday)'이라고 사용했을 법한 말을 '일상(folk)'이라는 용어로 사용하는 경향이 있었고 일부 사람들은 이 용어가 일상적인 것으로 기술될 수 있는 것과 반대되는 편견을 제시하기 때문에 이를 받아들이기 힘들어한다. 그가 일상 교수학(folk pedagogy)을 이야기했을 때, 그는 어린이들이 배울 필요가 있는 것과 교사들이 가르칠 필요가 있는 것 그리고 이러한 교수가 행해져야 하는 방법 등에 관한 우리가 소위 '일반적으로 받아들여지고 있는 사회의 일반적 통념이나 지혜(received wisdom)'라 칭하던 것을 말하고 있었다. 알게 되겠지만 교육의 측면에 관한 격렬한 논쟁이 쇄도하였다. 이 나라에서는 유년기 교육의 현 측면에 관한 몇 가지 영향 ─예를 들면 유아 테스트하기, 학교 순위 매기기, 기준에 맞게 가르치기, 정식 교육을 시작하는 유아 연령의 영향 등─을 지속적으로 이야기한다. 이 모든 것은 브루너가 일상 교수학이라 부르는 것에 기반을 두고 있다.

브루너가 글을 쓰기 시작했을 때 아동들이 일상 이론에 따라 교수되어야 한다는 일상 교수학에 기반을 둔 새로운 사조가 있었는데 브루너는 이를 직관적으로 인식하기 그리고 그가 의심스러워하는 아동과 아동기의 개념 ─말하자면 아동은 고집이 세서 훈육이 필요하고 순진무구해서 사회의 공포로부터 보호를 받아야 하며 단지 교육자들이 제공할 수 있는 지식으로 가득 차도록 기다리는 빈 그릇임─ 에 기반을 두고 있다고 기술하였다. 아동들은 자기중심적이며 사회화 학습을 필요로 하는 존재로 인식되었다. 여기서 여러분은 잠깐 멈추고 아동에 대한 이와 같은 태도가 지금 적용되는지 혹은 여러분이 어렸을 때 적용되었는지를 생각해 보고 이것이 여러분이 교육을 받았을 때 혹은 오늘날의 어린이가 교육 받는 방식에 어떻게 영향을 미치는가에 관해 숙고하고 싶을 것이다. 우리는 매체를 통해 아이들의 행실이 얼마나 좋지 않은지, 많은 부모들이 얼마나 부적격한지 그리고 사회는 얼마나 무너지고 있는지에 대해 무수히 듣는다. 이것이 우리의 현행 교육 시스템에 미치는 영향은 자명하다. 그렇지만 일부 시각이 달라졌고 우리는 더 이상 아이들을 수동적 학습자로 보지 않고 그들 자신의 학습을 구성하는 존재로 본다. 또한 우리는 아이들을 사회적이고 문화적인 집단에 명백히 속해 있는 존재로 보며 학습에는 상호작용이 중요하다는 것을 잘 알고 있다. 비록 충분하지는 않더라도 우리는 아동 발달에 관해 좀 더 이해한다.

브루너가 교육에 대한 자신의 초기 생각을 쓸 때 그는 다음과 같은 교수(학)의 네 가지 주요 모형을 구별하였다.

1. 첫 번째 모형에서는 학습자가 근본적으로 모방꾼이라 인식되며, 교육자가 기술과 지식을 시범과 모델링(modelling)을 통해 전달한다. 브루너는 이러한 접근이 기술뿐 아니라 재능과 전문지식을 칭송했다고 제안하였다.

2. 두 번째 모형에서는 학습자는 직접적인 교수를 통해 이득을 얻을 수 있

는 존재로 본다. 따라서 학습자는 그들이 학습하고 적용할 사실, 행동 규칙 그리고 원칙을 부여 받는다. 확실히 시험의 맥락에서 그러하다.

3. 세 번째 모형에서는 학습자를 의미를 구성하고 공유하며 타인과의 상호작용 및 문화적 도구(책, 물리적 도구, 상징체계 등)를 활용하여 학습하는 사고 주체(thinkers)로 본다. 이는 협동과 대화를 강조한다.

4. 마지막 모형은 이해하기가 힘들다. 이 모형은 학습자를 그들 자신의 경험으로부터 학습되는 지식을 자각하고 공동체가 가지는 신념과 가치 및 원칙과 같은 보다 추상적인 학습을 숙고하기 시작하는 존재로 본다. 교육자의 역할은 학습자가 자신들이 알고 있는 것과 문화를 통해 알려진 것 사이의 균형을 맞추도록 돕는 것이다. 이를 위해서는 아동들이 학습하여 알고 있는 것과 그들의 문화나 공동체에 있는 사람들이 알고 또 믿고 있는 것 사이에 균형 잡힌 행동을 할 필요가 있다.

요약하자면 우리는 이러한 교수학 모형이 모든 것을 통제하는 성인으로부터 어린이들을 능동적인 학습자로 보는 현대 이론에 이르기까지의 연속체상에 있는 것으로 본다. 능동적인 학습자는 문화적 도구를 활용하고 그들 자신의 학습을 숙고할 수 있는 능력을 갖추고 상호작용과 조정(mediation)을 통해 학습한다. 이러한 모형의 양상은 현존하는 어린이집과 유아학급, 아동센터와 기타 아동을 위한 공간에서 볼 수 있다. 그리고 일부에서는 심각하고도 가시적인 실행상의 모순이 존재한다. 예를 들면 많은 유아교육 이론가들과 실천가들은 우리 어린이들이 너무도 일찍 정식교육을 시작한다고 믿는다. 그들은 유아들이 추상적이고 종종 관련 없는 과제에 직면하기 전에 가능하면 구체적이고 직접 해 보는 탐구를 경험할 필요가 있다고 믿는다. 그들은 어린이의 관심을 따르며 예정된 목표를 향해 이 어린 유아들을 테스트하고 싶어 하지 않는다. 여러분도 당연히 그러한 실천가들 중 하나일 것이다.

학습에 대해 정의하기

채택된 교수학은 대개 학습의 정의를 어떻게 가정하고 있는지에 달려 있을 것이다. 브루너는 학습을 수동적이거나 개별적인 행위로 보지 않았다. 그는 학습자를 공동체에 속해 있는 존재로 보았고 그에게 경험과 문화는 모두 중요했다. 문화와 마음 그리고 교육에 관한 사고에서 브루너는 심리-문화적으로 교육에 접근하도록 안내하는 네 가지 원칙을 다음과 같이 설정하였다.

1. 기본적 시각. 본질적으로 이것은 의미 만들기가 의미가 구성되는 관점이나 양식에 편승하는 것을 내포함을 말해 주고 어떤 것도 문화와 동떨어질 수 없음을 암시한다. 학습자가 마주치는 모든 것이 문화적 맥락 안에 있고 학습자 자신이 어떤 문화에서 온다 할지라도 그 문화의 거울이 아닐 수도 있다. 이 원칙은 스스로가 의미를 구성하고 의미를 이해할 뿐만 아니라 창출해 내는 개인의 중요성을 강조한다.

2. 구속주의 입장. 브루너는 의미를 구성하는 어떤 형식이든 두 가지 방식으로 제한된다고 본다. 첫 번째는 우리가 하나의 종(species)으로서 진화한 방식과 관련되는 것으로 우리의 사고방식은 우리와 함께 진화했다는 것이다. 우리가 사고하는 방식은 우리가 이전에 사고했던 것에 의존하고 또 그것에 의해 제한된다. 두 번째 제약은 우리의 문화적 도구 — 우리가 문화 속에서 개발한 상징체계 — 가 우리가 필요로 할 때 늘 도움이 되는 것은 아니라는 것이다. 교육에 암시하는 것은 학습자가 그들의 학습에 가장 도움이 될 상징체계를 갖추고 있어야 할 필요성이다.

3. 구성주의자 입장. 브루너에게 이것이 의미하는 것은 실재(reality)는 발견되는 것이 아니라 만들어진다는 것이다. 우리는 의미를 구성하고 다른 사람들과 공유함으로써 의미를 재구성할 수 있다. 교육은 학습자로 하여금 의미를 구성하고 이해를 구축하도록 하기 위해서 도구를 사용할 수 있도록 그리고 변화하는 상황에 적응하기 위해 변화의 과정에서 도움이 될 수 있도록 학습자를 준비시키는 것에 관한 것임에 틀림없다.

4. 상호작용적 입장. 브루너에게 지식과 기술을 전수하는 것은 상호작용에서 그가 말하는 '소사회(sub-community)'를 내포한다. 학습자는 그들이 상호작용하는 다른 사람들과 함께 배운다.

다음에 초점을 맞추고자 하는 것이 바로 이러한 학습의 측면이다.

실천 공동체

에티앙 벵거(1952년 생) 사회학습이론가. 장 라브와 함께 상황학습이론으로 가장 잘 알려짐.

아동이나 성인이 함께 무언가를 학습할 때 그들은 무엇인가에 공동의 초점을 맞추게 됨에 따라서 서로에게 좀 더 연관된다는 것은 자명하다. 만일 여러분이 음악을 연주하거나 빵을 굽거나 연극을 하거나 탑을 쌓는 것과 같이 협력과 협상이 필요한 활동을 아동들과 함께한다면, 여러분은 그 과정에서 다른 사람들의 역할의 힘을 깨닫게 될 것이다. 장 라브와 에티앙 벵거(Jean Lave and Etienne Wenger, 1991)는 '실천 공동체(communities of practice)'에 대해 이야기하였는데 제롬 브루너는 이 용어를 사용하지는 않았지만 그의 학습에 대한 생각은 이것과 밀접하게 관련되어 있다. 벵거(1998)는 실천 공동체는 공유된 인간 노력의 영역에서 집단학습 과정에 참여하는 사람들이 형성하는 것이라 믿었다. 그가 의미했던 것은 다음과 같은 몇 가지 예증 — 생존을 배우는 부족(사냥하러 나간 사냥꾼-채집자들), 새로운 표현 형태를 고심하는 예술가 집단(인상주의자들), 새로운 기술(아마도 정밀 수술)을 개발하는 의사 집단 등 — 으로 명백하게 이해될 수 있다. 이 집단에서는 핵심 인물로 간주되는 사람들과 주변에 있는 사람들이 있다. 여러분이 어떤 집단의 핵심 인물이었던 경험 사례와 확실히 주변 인물이었던 때의 경험 사례를 떠올려 보라. 여기에

몇 가지 사례가 있다.

- 헤어스프레이(Hairspray)를 학교에서 제작할 때 노래, 연기, 춤 혹은 음악제작에 관련된 집단에서 핵심 인물이 될 수 있는 기회를 주는 오디션에 어떤 아이가 참가하지 못했다. 그녀는 무대 일손을 돕는 주변 인물이 됨으로써 그녀의 실망감을 극복했다.
- 학급 읽기 시간 동안 이 나라에 온 지 얼마 되지 않아 아직 영어를 습득하지 못한 데오그라티스는 바닥에 앉아서 쌓여 있는 책을 크기별로 정리하였다. 교사에게 책을 읽어 주는 아이들의 무리에 끼지 못해서 그는 책과 관련된 활동에 참여하는 것을 선택하였다. 우리는 그가 책읽기 공동체의 주변인이었다고 말할 수 있다.

벵거는 실천 공동체를 다른 집단이나 공동체와 구별하기 위해서는 다음과 같은 세 가지 요소가 필수적이라고 말한다.

1. 공유된 관심이 맞춰진 **영역**. 여러분이 정밀 수술을 탐구하는 집단의 핵심 구성원이 되기 위해서는 그 영역(정밀 수술)에 전념하고 그 집단에 있는 다른 사람들과 공유할 수 있는 능력을 갖출 필요가 있다. 앞의 예에서 데오그라티스는 영어로 책을 읽을 수 있는 능력이 없었다.
2. 그 영역에 초점을 맞추고 능력을 공유하며 서로를 돕고 정보를 공유하기 위해서 협력 활동 및 논의에 참여하는 사람들의 **공동체**가

형성된다. 그들은 학습을 도와주는 관계를 구축하고 있다.

3. 그들이 행하는 실천. 여러분은 유아교육 실천가일 수 있는데 만일 그렇다면 여러분이 하는 일을 유아교육 실천가 공동체에 있는 사람들과 함께 나누라. 이것은 훈련과 지금까지의 경험, 여러분이 직면하고 극복한 고난 그리고 여러분이 맛보았던 보상과 성공으로 이루어질 수 있다. 모임에 참석하거나 연수를 받을 때 여러분은 실행을 공유하는데 여기에는 지속적인 상호작용이 필요하다.

우리 모두는 서로 다른 실천 공동체의 구성원이기 때문에 이것은 이해하기가 쉽다. 이제 이것이 교수와 학습을 위한 교수학에 미치는 영향을 살펴보자. 그 모형은 분명 사회적이다. 학습은 다른 사람들과 더불어 발생하며 이는 의미의 구성과 공유를 내포한다. 학습자들은 다 함께 집단의 실행을 구성하는 데 적극적으로 참여한다. 이는 학습자를 견습 사고가(apprentice thinker)라 본 바바라 로고프(Barbara Rogoff)를 떠올리게 한다. 라브와 벵거(1991)는 직업세계 ― 산파, 재봉사, 고기 자르는 사람, 알코올 중독자 갱생회(Alcoholics Anonymous)와 관련된 사람 등 ― 에서 견습생(도제)제도를 관찰하는 것으로 그들의 이론을 기술하였다. 아동은 공동체를 위한 실제적 의미나 중요성을 가지는 행동에 있어 적극적인 참여자가 되기 전에 학습자로서 보고 듣고 관찰한다. 어머니가 빵을 굽고 있는 데서 반죽을 가지고 노는 어린이나 여자들이 아기를 등에 업는 공동체에 속한 어린이가 인형을 업는 모습을 떠올려 보라. 이 모든 것은 정체성과 언어 그리고 지속적으로 갱신되는 관계의 인식을 내포한다. 어떤 사람들은 그것을 학습자와 학습 모두와 관련된 시각으로 기술하고 경험할 수 있는 학습 너머에 있는 것으로 믿는다. 이것이 의미하는 것은 어린이는 상황 그 자체뿐만 아니라 다른 사람들로부터 학습한다는 것이다.

실천 공동체 사고와 라브와 벵거의 '합법적 주변 참여(legitimate peripheral participation)' 개념을 활용하여 여러분의 교실을 관찰하고 거기에서 일어나고 있는 일을 주의 깊게 들여다보는 것은 흥미로울 것이다. 이것은 아동들이 모두 집단의 완전한 구성원이 되었는가를 들여다보는 것을 의미한다. 이를 위해 여러분은 아동의 사전 경험이 활동에 관여하고 합당하게 참여할 수 있도록 하는 데 도움이 되는지 방해가 되는지를 생각해 볼 필요가 있다. 유아기에서의 아동은 관찰자이면서 청자임을 명심하라. 여러분이 읽기를 계속할 때 영어를 부가적 언어로 배우거나 최근에 영국으로 온 아동을 기억하고 그런 아동들이 여러분의 환경에서 핵심 구성원이 되는 것은 얼마나 쉬운지 혹은 어려운지에 관해 고찰해 보라.

배런(Barron, 2009)은 아동센터 유아 학급에 있는 편자비 아동의 경험을 보았는데 이 학급은 우리 모두가 좋은 실행이라고 여길 만한 방식을 갖춰 놓고 있었다. 낮 시간에는 아동들의 선택과 독립을 격려하였는데 직원들은 학습의 촉진자로서 행동하였다. 낮 동안에는 아동들이 좀 더 공식적인 학습을 할 수 있도록 집단에 참여하거나 우유 시간이나 과일 시간 또는 이야기 시간과 같은 일과에 참여하기를 요구하는 집중 활동이 몇 차례 있었다. 근본적인 영향은 브루너나 비고츠키에 기반을 둔 상호작용 접근이며 또한 유아 기본 단계의 요구사항과 제약이라고 말할 수 있다. 학습은 아동들이 성인으로부터 배우고 또한 서로서로에게서 배운다는 점에서 사회적인 것이라고 추정되었다. 언어는 학습에 있어서 필수적인 것으로 추정되었다. 이것은 모두 평범하고 예측된 것으로 보인다. 그러나 사전 경험이라는 견지에서 제공되는 활동은 무엇을 필요로 하는가에 관해 생각해 보자. 제공된 활동이 진정으로 모든 아동들로 하여금 관여하도록 할 수 있는지 생각해 보자. 먼저 아래에 기술된 놀이방을 자세히 살펴보자.

집 한 구석에 부엌과 침실이 있었다. 부엌에 있는 기구 몇 가지는 최소한 파키스탄 어린이들이 그들의 가정에서 접해 본 적이 있는 것이었다. 인형은 특징과 의상으로 볼 때 백인 토착 문화를 주로 반영했다. (나중에 직원들이 배런의 의중을 알게 되었을 때 그들은 좀 더 다양한 인형을 가져다 놓았다.) 변장놀이를 위한 옷도 서구인들의 역할과 의복을 반영하였다. 물놀이와 모래놀이가 있었고 손가락이나 손 그림을 그릴 수 있었다. 역할놀이 영역은 시간이 흐르면서 변경되었는데 종종 소수의 중산층 아동들을 제외한 모든 아이들에게 익숙하지 않은 주제를 제공하였다. 연구 조사 기간 동안에 처음에는 소개 책자에 있는 스키 휴가를 제안하는 여행사 직원으로 설정되었으나 나중에 청과물 상인이 되었다. 여러분이 보기에는 모든 아동이 이러한 활동에 참여할 수 있는 공평한 기회를 지니고 있는가?

배런이 역할놀이 영역에서 일어난 것을 관찰한 결과 여기서 사용된 언어와 관습 일부는 일부 아동에게는 분명히 차별된 것이었다. 라브와 벵거의 연구를 토대로 그는 역할놀이 영역을 잠재적인 실행의 공동체로 보았다. 아동 손님과 상점 주인은 실제 고객 및 주인의 견습생으로 보였다. 여기 배런의 관찰 노트에서 발췌한 것을 소개한다.

켈빈 : 안녕하세요. 뭐 찾으세요?

멜라니 : 당근과 토스트를 사고 싶은데요, 그것 전부를 살 필요는 없어요.

켈빈 : 토스트를 찾는다고요? 여기에는 토스트가 없어요.

　　　　[애드난이 들어와 계산대 뒤에서 물건을 담는다.]

조쉬 : [애드난에게] 그 봉투 이리 줘요. 먼저 물건을 사야죠!

어른 : 이건 영국 스타일이긴 하지만 줄을 서서 차례를 기다리면 훨씬 쉽겠지요.

(Barron, 2009 : 345)

파키스탄에서 온 아동들은 그 영역에 들어와 지켜보기만 하고 놀이에 끼어들지 못했다. 끼어든다 하더라도 (앞의 예에서 애드난이 한 것처럼) 요청하지도 않고 '식품'을 그냥 가져갔다. 이것은 백인 아동들과 직원들을 화나게 했고 파키스탄 아동들은 '나머지'가 되거나 제외되었다. 배런은 이것이 파키스탄 아동이 쇼핑 경험이 없어서 그런 것이 아니라 그들은 별개의 상호작용, 행동 및 존재(being) 유형을 가지고 있기 때문이라고 덧붙였다. 그들은 상점에서 식품을 사기 위해 줄을 서 본 경험 혹은 단지 과일이나 야채만 파는 상점에 가 본 경험이 없는 것이다. 또한 그들은 벌어진 일을 이해할 수 있는 언어를 모르고 있는데 대부분의 분명한 말은 '이건 영국 스타일이긴 하지만 줄을 서 서 차례를 기다리면 훨씬 쉽겠지요'라고 어른이 어린이에게 들려준 다. 파키스탄 아동들은 고객이 자신의 우유나 DVD를 골라 카운터로 가져오는 것이 관습인 상점에 있었을 것이나 이 모형(그 공간에 있었 던 다른 아동들에게는 익숙할 수도 있었던)은 교사가 장려하지 않았 다. 이 상황에서 교사는 비록 활동이 아동들이 보기에 적절하여 개방 된 것으로 보였음에도 불구하고 매우 단호하게 통제하고 있었다.

파키스탄 어린이들은 그 활동의 중심에 들어오지 못하고 주변에 남아 있었는데 이것은 그들의 자아상(self-image)에 영향을 끼쳤을 것 이다. 그들은 참가자로서 요구되는 경험과 기술 및 언어의 부족으로 말미암아 다른 사람들과 대등하지 못하게 보여서 배제를 당했다.

이런 결과는 새롭지 않다. 리즈 브루커(Liz Brooker, 2002)는 자칭 '어린이 중심' 1학년 학급에서 실제로 발생한 일을 점검했을 때 매 우 유사한 것을 발견했다. 그녀는 많은 부모들이 교육이라는 이름으 로 행해지는 일들 중 일부분 — 예를 들면 소풍 가기, 모래놀이나 물 놀이, 손가락 그림 등 — 에 대해 좋아하지도 이해하지도 못하는 것을 알아차렸다. 이것은 그 부모들의 문화에서 수용되지 않았고 그들 경 험의 일부도 아니었다. 부모들은 그러한 것들이 어떻게 자녀 교육에 공헌할 수 있는지 볼 수 없었다. 교육자들은 이러한 활동을 통해 아 동들이 얻는 것에 대해 명확하게 설명할 수 있을 것 같지 않다. 염려되는 것은 학교와 환경이 그러한 우려를 실제로 다루기는커녕 오히려 무시한다는 것이다.

우리는 실천가로서 우리가 당연시하는 것이 우리 자신의 문화 및 본인 스스로의 경험과 밀접하게 관련되어 있음을, 또한 이것을 일반화시킬 수 없음을 기억해야 한다. 이것이 의미하는 것은 우리는 부모들이 이야기하는 것을 경청함으로써 그들을 수용하고 그들의 염려는 진지하게 받아들이며 그들에게 우리가 하는 일 중 일부는 아동 학습과 발달에 왜 중요한 것으로 여겨지는지를 기꺼이 설명할 수 있어야 한다는 것이다.

교육과정 : 무엇을 가르치는가

어떤 환경에서든지 미리 정해진 교육과정(주나 정부에서 모든 학생이 연령에 따라 학습해야 할 것을 결정한 것)이 있고 무엇이 중요한지, 아동들에게는 어떻게 말해야 하는지, 아동들의 기대는 무엇인지, 자료는 무엇이고 직원 각자가 선호하는 것은 무엇인지처럼 덜 명백한 교육과정이 있다. 따라서 특정 사항이 강조되고 다른 사항은 홀대받는 함축된 교육과정(implied curriculum)이 있다. 일부 교실 및 환경에서 우리는 소년들이 우세한 것을 본다. 국가수준 교육과정은 모든 학생이 동일한 교육을 받아야 한다고 암시하지만 우리 모두는 다른 요인들이 각 아동들의 학교 경험을 결정하는 데 있어서 매우 중요한 역할을 한다는 것을 안다. 잎이 무성한 외곽지역에 있는 스테이너 어린이집에 다니는 아이는 도시 내부에 있는 아동센터의 아이와는 다른 경험을 갖게 될 것이다. 이것이 의미하는 것은 어떠한 교육 환경도 문화와는 별개로 존재할 수 없다는 것이다. 교육과정은 교과목 이상이다. 브루너는 학교의 주요 교과목은 문화적으로 보았을 때에는 학교 그 자체라고 주장한다. 그가 의미하는 것은 학생들이 경험하는 것이 학교나 환경에 존재하는 것의 모든 행위이며 이것은 학생들이 여기에 어떤 의미를 부여하느냐를 결정한다. 몇 가지 예를 살펴보자.

- 레이몬 씨는 엘 살바도르 출신의 은행 직원으로 그녀의 자녀와 함께 캐나다로 왔다. 그녀는 자녀의 학교 경험에 대해 이렇게 말했다. "우리나라에서 아이들은 '안녕, 좋은 오후야, 잘 지내?'라는 인사를 한다. 교육은 글을 읽는 것 이상으로 예절의 규칙은 학교에서 가르쳐야 할 중요한 것이다. 여기서는… (아동들이) 학교에서 선생님께 인사도 하지 않고 내키는 대로 말을 한다"(Bernhard, 2004: 59).
- 애비올라는 자녀가 어린이집에서 지켜야 할 몇 가지 확고한 규칙으로 인해 차별 받는 것에 대해 걱정한다. 한 가지 규칙은 아동들이 서로서로 다치게 해서는 안 된다는 것이다. 애비올라는 이것이 좋은 규칙이라 여겼고 3살배기 아이에게 다른 사람을 때리지 말라고 일렀다. 그러나 최근 벌어진 일 때문에 염려스럽다. 두 명의 덩치 큰 소년들이 그녀의 아이인 볼라를 때리기 시작했고 볼라는 한 녀석을 물었다. 그로 인해 볼라는 어린이집에 잠시 동안 나갈 수

없게 되었다. 그녀는 인종차별이 있다고 느끼면서도 볼라가 그 환경으로 되돌아가지 않으려고 할까 봐 두렵다.

● 마리나와 토니아는 동성 커플이고 입양할 딸을 찾고 있다. 그들은 지역사회에 있는 몇 군데의 어린이집을 방문해서 아이들의 성격과 상호작용을 관찰하며 시간을 보냈는데 마침내 반인종차별 정책이 있고 많은 어른들이 공동체 언어를 사용하고 개별성(individuality)과 문화를 존중하는 느낌이 강하게 드는 학교를 선택하였다.

여러분은 이런 사례를 통해 교과목보다 더 중요한 것이 있음을 볼 수 있다. 따라서 기질, 태도, 기대감, 관계 그리고 상호작용은 교육과정의 필수적인 부분으로 국가수준에서 결정하고 관리할 수 없는 것이다.

브루너는 또한 교육자나 실천가가 뭔가 새로운 것에서 아동의 관심을 자극하는 데 핵심적인 역할을 한다고 믿었다. 비고츠키와 마찬가지로 그는 어린에게서 보이는 타고난 호기심의 중요성을 믿었으나 어른 또한 어떠한 학습 상황에서든지 가능한 협력자로 보았다. 우리 모두는 우리가 잘하는 것을 즐기고 우리가 실패한 것을 포기한다. 여러분은 음악 시험을 망친 후에 악기 배우는 것을 포기하는 어린이나 형편없는 독서가라는 말을 어머니로부터 연거푸 듣고 독서를 포기하는 어린이를 떠올릴 수 있을 것이다. 여기서 우리에게 주는 메시지는 아동이 무엇인가에 흥미를 가지고 있다는 것을 보여 줄 때까지 기다리지만 말고 아동이 흥미를 가질 만한 것을 소개하라는 것이다. 때때로 이것은 모든 아동이 동시에 같은 일을 해야 한다는 것을 제안하는 것으로 여겨진다. 그러나 이것은 그런 의미가 아니다. 실천가는 사고의 범위를 넓히고 새로운 경험을 소개하며 아동을 새로운 장소로 데려가는 데 중요한 역할을 한다는 것이다. 여기 몇 가지 사례 연구가 있다.

- 레지오 에밀리아에 있는 어린이집에는 화가, 장인, 정비사 혹은 과학자가 항상 스튜디오나 아틀리에에서 작업한다. 그들은 **작업자** (atelieriste)라고 불린다. 아동들은 자유롭게 스튜디오를 거닐 수 있고 서서 구경할 수 있으며 작업자에게 질문하거나 말을 걸 수 있고 스스로 만들어 볼 재료를 선택할 수 있다.
- 베네수엘라의 가장 가난한 동네에 제공된 멋진 음악 교육에서 아동들은 연주할 악기를 받아 그것을 잘 간수하고 연습하며 다른 사람들과 그룹을 지어 연주하는 데 시간과 관심을 쏟을 것으로 예측된다.
- 바쓰에 있는 학교의 유치반 1학년 교실에서 교사가 책을 만드는 프로젝트를 진행하였는데 이것은 부모를 초대하여 자녀와 함께 자녀의 삶에 대한 책을 만드는 프로젝트이다. 이전 해에 다른 부모가 만든 책을 참고할 수 있도록 비치해 놓고 교사는 이들의 작업을 돕는다. 만든 책은 학기말에 학교 전체에 공개된다.
- 런던 북부에 있는 아동센터에서 등록하는 모든 아동을 위해 '삶의 이야기' 책을 만들기 시작했다. 한 주에 한 번 세 어린이의 책을 선

정하여 그 주가 끝날 무렵 이야기 시간에 특별한 관심을 주었다. 모든 아동에게 아무리 작더라도 성취한 것에 대한 인정을 받는 것은 중요했다. 아동의 책은 그 아동이 이야기를 경청했거나 다른 아동을 도와주었거나 혹은 멋진 그림을 그리고 블록으로 뭔가를 만들어 냈기 때문에 선택되었다. (4살 난) 빌헬름은 성공적으로 씨앗 심기를 한 것에 대한 축하를 받고 나서 아버지에게 "나도 아빠처럼 정원사가 될 수 있다고 생각해요."라고 말했다.

답변보다 많은 질문

브루너는 우리가 교육을 있는 그대로 다루어야 한다고 말했고 그에게 있어서 과거의 교육은 정치적이었다. 그가 정치적이라고 하는 것은 정당 정치가 아니라 어떻게 사람들의 집단이 다른 사람들에 대해서 그리고 그 사람들과 관련된 것을 위해 의사결정을 할 수 있게 되는가 하는 의미이다. 여러분은 단지 사회에서뿐만 아니라 보다 넓은 개념에서 직장을 얻고 돈을 벌며 지위를 얻는 것이 얼마나 중요한 자격인가에 관해 생각하기만 하면 된다. 교육을 특별하게 그리고 중요하게 만드는 것은 그것이 젊은이들로 하여금 문화의 다른 제도에서 좀 더 능동적인 역할을 담당하도록 준비시키는 제도라는 것이다. 그래서 우리는 문화라는 의미를 보다 면밀히 살펴보아야 한다. 브루너는 문화가 단지 역사와 언어를 공유하는 사람들의 집합체를 의미하는 것은 아니라고 말했다. 오히려 문화는 사람들의 역할이 결정되고 이러한 역할에 일치된 관계가 수행되는 (학교, 병원, 대학, 도서관, 은행, 회사, 상점, 법정, 법적 제도 등과 같은) 제도로 구성되어 있다. 우리 사회에서는 의사와 변호사들이 존경을 받고 있지만 아프리카의 일부 국가에서는 치료사와 교사가 존경 받고 있다. 제도는 사회에서 많은 교환에 대한 책임이 있는 것으로 회자되는데 서로 다른 유형의 작업에 지불되는 임금, 적용할 선례, 예절과 법규, 언어와 사고, 그리고 심지어 유니폼이나 어떤 목적을 위해 허용될 수 있는 복장에 대한 생각 같은 것이 여기에 속한다. 피에르 부르디외(Pierre Bourdieu)와 파울로 프레이리(Paulo Freire)와 같은 위대한 사상가들은 이러한 제도의 역할을 고심했는데 논쟁은 돌고 돈다. 우리는 모든 학생을 위한 학교의 견지에서 선택의 자유를 가져야 하는가? 그러나 만일 사람들이 특정 유형의 학교나 환경을 위해 돈을 지불한다면 이것은 선택의 자유인가 혹은 부자들만을 위한 선택인가? 우리는 우수한 학생들을 선발하여 능력주의 사회를 만들어야 하는가? 종합중등학교 교육은 실제로 실패하였고 다시 시도할 수는 없었는가? 이러한 모든 질문이 정치적인 것이다.

브루너는 그의 저서에서 우리가 속해 있는 공동체의 늘 변화하면서 종종 복잡하고 항상 중요한 관심사를 마음에 새겨야 한다는 것을 지속적으로 상기시킨다. 어머니가 하루 종일 직장에 나가는 아동의 경험은 어떻게 변했고 만일 그렇다면 어떤 방식이었는가? 가난은 아동의 학습과 발달에 어떤 영향을 미치는가? 다른 문화에서 온 아동들은 그들의 충성과 헌신을 어떻게 정리하는가? 우리는 우리가 제공하는 모든 활동과 일과에서 어떻게 모든 아동을 우리의 관심과 교육 안에 포함시키는가? 이렇게 할 수 있는 한 가지 방식은 교실과 환경 그 자체가 사회적 공동체이며 아동들이 이 새로운 세계를 알도록 지원하거나 알지 못하도록 제약을 가하는 장소임을 기억하는 것이다. 영어를 학습하는 초기 단계에 있거나 우리가 상상할 수조차 없는 트라우마(정신적 외상)에서 막 회복된 많은 아동들을 우리의 보살핌 속에서 지원하기 위해서 시간을 갖고 그들을 지켜보며 그들의 말에 귀를 기울일 필요가 있다. 우리는 또한 그들의 부모나 보호자들의 말을 듣고 그 아동들이 그리고 그들의 가정이나, 길거리 혹은 지역사회와 학교 밖 활동에서 겪었던 그리고 앞으로 계속 겪게 될 경험에 관해 가능한 많은 것을 알고자 노력해야 한다. 그들은 이러한 모든 것을 발판으로 삼을 수 있고 또 그럴 것이다.

나선형 교육과정

브루너는 연구 초기에 어린이는 어떤 종류의 학습에 대처하는가라는 견지에서 '학교교육' 준비도 혹은 학습을 위한 준비도에 관한 사고를 탐구하기 시작했다. 여러분도 알다시피 피아제는 학습이 명확한 단계를 통해 발생하는 것으로 생각했다. 이러한 단계는 연령과 관계있는 순차적인 것으로 정의되었는데 아동들은 신체 움직임과 감각을 사용하여 사물을 탐구하는 것으로부터 마침내 문제를 추론하고 해결할 수 있는 단계로 나아갔다. 브루너의 관점은 보다 미묘하고 미세한 차이가 있으나 피아제의 영향을 확실히 받았다. 브루너는 교수에 있어서 교사는 어린이가 이해할 수 있는 범위 내에서의 진술이나 활동으로 시작할 수 있으며 어린이가 사고하고 추론하는 능력이 발달함에 따라 보다 높은 수준에서 동일한 사항으로 다시 되돌아갈 수 있다고 믿었다. 나는 그의 저서에서 드러난 어조를 통해 그가 말하는 학생들은 유아가 아닌 정식 교육환경에 있는 나이 든 아동이라고 본다. 그가 말한 것을 통해 우리가 배울 수 있는 것은 다음과 같다. "어떠한 과목이든지 올바른 형식으로 어떤 연령대에 있는 아이들에게도 교수될 수 있다"(Bruner, 1996: 119). 또한 "준비도(readiness)는 타고나는 것일 뿐만 아니라 만들어지는 것이다." 그가 의미하는 것은 누군가 어린이가 학습해야 한다고 결정하는 어떤 것이든지 어린이가 이해할 수 있는 방식으로 어린이에게 제시될 수 있다는 것이다. 처음에 이

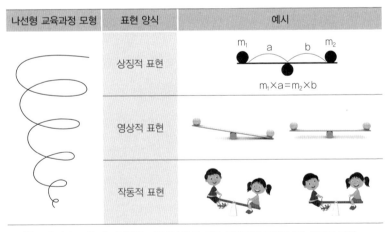

나선형 교육과정 모형	표현 양식	예시
	상징적 표현	$m_1 \times a = m_2 \times b$
	영상적 표현	
	작동적 표현	

나선형 교육과정. 브루너는 적합한 표현 양식으로 모든 연령대의 교육이 가능하다고 했다.

생각은 아마도 실증되었을 것이고 물리적 소도구가 사용되었거나 신체 움직임이나 동작과 탐구가 수반되었을 것이다. 시간이 흐르면서 구체적 행동과 구체적 탐구에 대한 의존감이 줄어들었고 추상적 개념과 사고는 증가하였다. 이런 방식으로 수업은 단순한 것에서 추상적인 것으로 이동하였다. 이를 보여 주는 예를 살펴보자. 우리는 서너 살 아이들을 데리고 있는 교사로부터 시작하여 7살 그리고 9살 아이들의 교사에 이르기까지 세 명의 교사가 아동들이 이야기와 책에 흥미를 가지도록 하는 접근법을 살펴볼 것이다.

- 마르바에게는 그녀가 읽어 주는 이야기를 들으며 앉아 있는 서너 살 된 아동 그룹이 있다. 그녀는 커다랗고 아름다운 삽화가 있는 커다란 책을 사용하며 그녀가 책을 읽을 때 모든 아동이 그 책을 볼 수 있다고 확신한다. 그녀는 읽기의 속도를 조절하고 아동들이 잘 듣는지 확인하며 등장인물에 따른 다양한 목소리를 사용한다. 그녀가 읽기를 끝냈을 때 그녀는 그 책과 책에서 복사한 몇몇 인물을 탁자 위에 펼쳐 놓고는 아이들이 그것을 자석 칠판에 붙이고 스스로 이야기를 다시 만들고 상연해 보도록 한다. 그녀는 같은 이야기를 내일 다시 들려줄 계획이다. 그녀의 가르침은 아동들이 이야기 속으로 또한 이야기 속 언어로 빠져들 수 있도록 하는 것을 목표로 삼는다.
- 로베르또는 2학년 담당교사 살라마의 반에 초대 받은 스토리텔러이다. 살라마는 반에 있는 아동들이 이야기나 이야기책에 큰 관심

을 보이지 않아 걱정이다. 로베르또는 이중 언어 구사자로 영어와 불어를 한다. 그리고 그 반에는 중앙아메리카에서 온 스페인어 사용 아동들이 몇 명 있다. 그는 이야기를 발췌한 책을 가까이에 두고 그것을 참조하며 이야기를 들려주고자 결정한다. 그것 또한 확대시킨 텍스트로 로베르또는 그것을 이젤 위에 올려놓고 처음에는 영어로 그다음에는 스페인어로 이야기를 들려주기 시작한다. 그는 능숙한 스토리텔러이고 아동들은 재빨리 이야기 속으로 빠져들고 매 정지 순간마다 그다음에 무슨 일이 벌어질지를 알기 위해 기다린다. 그들은 두 언어로 들려주는 이야기를 경청하여 듣는다. 그러고 나서 로베르또는 (스페인어와 영어 텍스트가 있는) 책을 펼치고는 아동들을 한 번에 한 명씩 나오도록 하여 아이들이 선택한 언어로 문장을 읽도록 한다. 그는 사전에 학급 교사와 점검하여 성공할 것 같은 아동들을 선택한다. 각 아동이 읽기를 끝낼 때마다 그는 그들에게 미소나 끄덕임으로 보상을 하고 학생 그룹에게 질문을 던져 그들이 두 언어의 소리와 특징에 있어서 유사점과 차이점에 대해 생각해 보도록 한다.

- 니나는 4학년을 가르치며 책 만들기 프로젝트를 시작하였다. 교실에 있는 각 아동은 자신의 가장 친한 친구를 위해 책을 만들고 있다. 그 작업은 학기 내내 지속되었고 여기에는 큰 소리로 읽히는 이야기 듣기와 학급이나 학교 혹은 도서관에서 독서하기가 포함되었다. 아동들은 그룹별로 그들이 생각하는 좋은 책 만들기에 대해 이야기를 하면서 시간을 보냈고 친구들이 좋아하는 책의 종류

를 파악하기 위해 인터뷰를 했다. 그들은 가장 친한 친구가 어떤 언어로 쓰인 책을 읽고 싶어 하는지 꼭 알아내야 한다는 말을 들었다. 그래서 그들은 장르와 스타일, 취향과 차이점 및 언어를 탐구하고 있었다. 아동들은 그들의 모국어로 책을 쓸 수 있지만 지역사회의 몇몇 언어를 말하는 아동들은 책을 번역하려고 초안을 작성하였다.

여러분은 독자(그리고 작가)가 되는 것과 같은 주제가 어린이들의 능력 및 흥미에 따라 어떻게 여러 방식으로 소개될 수 있는지와 실천가 및 교사가 좀 더 복잡하고 추상적인 주제가 도입되는 방식을 어떻게 적용할 수 있는지를 볼 수 있다. 학교에서 성공하기 위해 학습자들은 상징체계와 추상적 사고를 잘 다룰 수 있어야만 한다. 이것을 성공적으로 수행하기 위해서 그들은 상징체계와 기억을 수반하는 추상적 사고를 활용하여 이것을 행할 수 있도록 나아가기 전에 자신의 세계를 물리적으로 탐험해 보는 경험이 필요하다고 생각한다.

사회적 교수학

'사회적 교수학(social pedagogy)'이라는 용어는 개인의 발달, 사회 교육 그리고 부모와 함께 있는 아이들 혹은 유아교육 환경이나 학교에 있는 아이들의 전반적인 복지를 촉진시키기 위해 성인들이 할 수 있는 일을 기술하기 위해 사용된다. 관련된 성인들은 소위 '전인적인 아동(the whole child)'의 요구를 충족시키고자 육아/보호 책임을 다할 것으로 예측된다. 여러분은 이러한 교수학 접근법이 아이들이 과목기반 교육과정을 배워야만 한다는 개념을 넘어선다는 것을 볼 수 있다. 그것은 어린이들이 신념과 가치의 체계를 이해할 수 있도록 돕는다.

이 용어는 유럽에서 널리 사용되고 있으며 여기에 관련된 사람들은 보육 실천가와 사회복지사 혹은 어린이 보호 담당자이며 이러한 전문가 연수에는 당연히 '사회적 교수학'이라 불리는 과정이 있다. 여러분은 독일, 노르웨이, 덴마크, 스웨덴, 핀란드 및 아이슬란드에서 사회적인 교육자(social pedagogue)를 보게 될 것이다. 영국에서는 그 용어가 막 사용되기 시작하였는데 이는 주로 학교와 환경에 존재하는 수많은 쟁점 ─ 예를 들면 학교 폭력, 무단결석, 등교 거부 및 어린이 학대 등 ─ 에 대한 우려가 커짐에 따라 등장하게 되었다. 2008년에 어린이 학교 가족부(Department for Children, Schools and Families)는 어린이와 관련된 사람들의 역할을 검토하기 위해 전문가 집단을 발족하였다. 그 집단은 보고할 의무가 있다(Kyriacou, 2009).

팻 패트리(Pat Petrie, 2005)는 사회적인 교육자를 아동의 전인발달과 관계된, 따라서 발달과 학습의 모든 측면에 연루된 실천가로 인식한다. 그녀는 아동들이 보호와 교육을 받고 있는 어느 곳에서든지 이론적인 학문을 넘어서 학습과 발달의 모든 측면을 아우르는 데 초점을 맞춰야 한다고 믿는다.

카메론(Cameron, 2007)은 영국이 사회적인 교육자를 시스템에 도입할 것을 숙고해야 한다고 믿고 있지만 여기에는 다음과 같은 두 가지 큰 장벽이 있음을 느낀다. 첫째로 영국에서는 어린이와 관련된 어린이 보육 및 어린이 복지가 낮은 수준이라는 것이며, 둘째로 비판적 탐구를 가치 있게 여기기보다는 공인할 수 있는 수행 결과를 중히 여긴다는 것이다.

브루너가 사회적 교수학을 언급하지 않은 것은 분명하나 그가 아동을 평가하는 것에 초점을 맞추는 교수학에서 보다 깊은 사고와 탐구를 촉진시키는 교수학으로 이동하고자 하는 사상(idea)을 지지함은 틀림없다. 그는 틀림없이 어린이의 사회, 문화 및 정서 발달을 촉진시키려는 개입(intervention)을 지지하였을 것이다.

실천을 위한 함의

여러분은 아마도 이 장이 다소 읽기 힘들었을 것이다. 왜냐하면 이 장은 여러분이 교육과 보살핌에 관한 여러분의 생각과 직접적인 관련이 있다고 여기지 않는 사항을 때때로 다루기 때문이다. 여러분은 뭔가 배울 수 있는 것이 별로 없으리라는 기분으로 읽었을 것이다. 하지만 다른 장보다 이 장에서 얻은 실행에 관한 함의가 꽤 있다는 것도 아마 놀랍지 않을 것이다. 이 장이 넓은 의미에서 교수와 학습에 관한 것이기 때문이다.

1. 우리는 어린이를 사회적, 문화적 집단과 관련되어 협력과 대화를 통해

의미를 구성하고 공유하고자 노력하는 능동적 학습자로 볼 필요가 있다는 것을 상기한다. 그래서 우리는 어린이들이 다른 사람들과 함께 어울리고 작업할 수 있도록 또한 가능하면 언제든지 대화에 참여할 수 있도록 격려 받는 환경을 만들 필요가 있다. 예를 들어 영어를 잘 모르는 아동들을 위해 그들 주변에 해석과 중재가 가능한 다른 아동들과 어른들이 있음을 보장해 주어야 한다.

2. 여러분이 학습을 어떻게 정의할지를 숙고하고, 여러분이 제공하는 기회와 활동 그리고 지원과 상호작용이 그러한 정의와 부합되는지 확인해 보는 것은 중요하다. 그렇지 않다면 무언가 변화될 필요가 있다. 예를 들어 여러분이 하루를 짧은 수업시간으로 쪼개는 공식적인 학교 시간표를 지켜야 하지만 어린 아동들 입장에서 보다 깊이 몰입할 수 있도록 쪼개지 않은 긴 수업시간이 필요하다고 믿는다면 여러분은 명백한 근거를 제시하면서 요구사항을 관철시킬 수 있도록 관리자나 수석교사와 의논해 볼 수 있을 것이다.

3. 아동들은 창의력 — 스스로 의구심을 갖고 생각하며 그들의 방식대로 답을 찾고 행하는 능력 —을 발휘할 수 있는 기회가 필요하다. 학습지를 끝내는 것이 독창적이고 창의적인 능력을 보여 줄 수 있는 기회를 제공하는지 아니면 그것은 순응자(conformist)가 되어 하라는 대로 행하는 모델(model)을 조장하는지 생각해 보라.

4. 아동들은 적절한 상징체계를 사용할 필요가 있다. 그들은 영어의 알파벳 체계와 규칙을 분명히 익혀야 할 필요가 있으나 그들에게 보다 익숙한 체계를 드러내고 내세울 수 있다면 더 잘 해낼 수 있다. 샤

르미안 케너(Charmian Kenner)의 저서를 보면 이중 언어를 사용하는 아동들이 또래에게 자신들의 모국어 특징과 규칙을 어떻게 가르치는지가 잘 드러나 있다(Kenner, 2010).

5. 우리는 아동들이 가지고 오는 것에 단지 반응만 할 수는 없다. 물론 우리는 아동들이 어떤 경험을 가지고 있는지를 알고 그 경험을 더 큰 탐험과 이해의 근간으로 사용할 수 있는 기회를 제공할 필요가 있다. 그러나 우리는 어린이들에게 새로운 사실과 새로운 경험을 소개시켜 주는 데 앞서 갈 필요가 있다. 아마도 우리는 아동들을 새로운 곳으로 데려가고 연극 집단, 예술가, 이야기전문가, 음악가 혹은 장인을 초빙해서 아이들을 즐겁게 하고 그들의 마음을 사로잡을 것이다. 우리는 그들에게 진짜 세상 그리고 있을 수 있는 세상에 관한 이야기를 읽어 줄 것이다. 우리는 그들로 하여금 새로운 것을 시도해 보고 그들이 할 수 있는 것이 무엇인지 발견해 보도록 할 것이다.

6. 모든 아동은 적절한 문화적 도구를 사용하여 그들의 세계를 이해하고 변화를 이해할 수 있으며 또 이에 적응할 필요가 있다. 이는 아동들이 이전의 경험에 의지할 필요가 있음을 의미하며 이는 실천가들이 학교 환경에서 발생하는 일이 아동으로 하여금 소외자라는 느낌이 들지 않도록 그가 학교 (환경) 밖에서 이미 한 일과 여전히 하고 있는 일을 가능하면 많이 알고 있어야 함을 뜻한다. 이 일은 정말 힘들지만 지속적으로 고민해 볼 중요한 사안이다.

7. 실천 공동체에 관한 작업은 우리로 하여금 아동들을 활동이나 '작업'에

온전히 참여시키도록 상기시켜 주므로 우리와 관련이 있으며, 아동들은 이 과정에서 견습생(apprentices)으로 보일 수 있다. 이러한 견습 기간과 더불어 시작하는 것은 그들을 보고 듣는 데 개입시키는 것 같다. 후에 그들이 실천 공동체에 들어갈 때 그들은 보다 적극적인 역할을 수행하기 시작하고 언어를 사용한다. 다시 한 번 말하자면 영어 이외의 다른 언어를 사용하는 사람들을 함께 관리하는 것은 힘들며 어떤 작업은 부모와 함께할 필요가 있다. 이때 그들이 그 환경에서 원하고 기대하는 것이 무엇인지 알아내야 하고 모래, 물, 놀이, 페인트, 소풍 등의 활용과 같은 '학습' 사항과 관련이 없어 보이는 일을 우리가 왜 하는지 설명해 주어야 한다. 우리는 모든 부모가 그들의 자녀들이 '단지' 놀고 있는 것처럼 보일 때에도 얼마나 열심히 작업하고 있는지 이해하거나 인정하리라고 당연시할 수 없으며 이런 것들로 인해 아동들의 학습과 발달이 왜 그리고 어떻게 진척되는지 설명하는 법을 익히는 것은 매우 중요하다.

8. 교육이 왜 정치적인 것인지에 대해 생각해 보는 것 그리고 이것이 실천가로서의 여러분에게 그리고 여러분이 돌보고 교육하고 있는 아동의 부모 및 아동 자신에게 의미하는 것은 무엇인지 고찰해 보는 것은 중요하다. 특정 집단의 삶에 영향을 미치는 판단 (judgements)이 내려지는 것은 공정하지 못하다. 자원에 접근하는 것이 모든 집단에게 동등하지 못한 것도 공정한 것이 아니다. 이런 일에 대해서 여러분이 할 수 있는 것은 그리 많지 않지만 그것들을 알고 있으면 공동체로서 환경의 일부를 느낄 수 있을 것이

다. 그것은 여러분으로 하여금 여러분의 보호를 받고 있는 아동 가족의 요구와 관심을 기억할 수 있도록 돕는다.

9. 훈련(연수) 중에 행해진 작업과 유럽의 다른 나라에서 사회적인 교육자를 이용하는 것에서 우리가 배울 수 있는 것이 많다. 우리는 학교나 교육환경에서 전인적인 아동의 복지를 감독하는 데 책임이 있는 사람의 중요성을 알 수 있다. 그는 다른 직원들에게 교육은 문서화되고 평가되는 교육과정 이상의 것, 즉 그것은 인지적인 것뿐만 아니라 개인적이고 정서적이며 사회적이고 문화적이면서 미학적인 것임을 일깨워 줄 것이다.

10. 나선형 교육과정은 우리로 하여금 우리가 제공하는 활동이 아동들의 능력과 흥미 그리고 연령과 부합되는 방식을 고찰하도록 돕는다. 유아들에게는 그들로 하여금 의미를 구성하고 공유하도록 돕는 교육과정이 필요하다. 그들은 만지기, 떨어뜨리기, 잡아당기기, 바라보기, 듣기, 입모양으로 말하기, 맛보기, 냄새 맡기, 밀기, 던지기 등과 같은 자신들이 가지고 있는 것을 활용하여 수많은 것들을 탐구할 수 있어야 한다. 그들은 함께 상호작용할 타인과 더불어 이것을 할 필요가 있다. 아동들이 성장함에 따라서 그들은 기억을 사용할 수 있을 것이고 그들이 본 것을 실행에 옮기고 가능한 역할을 시도해 보고 어떤 일이 생길지를 탐구해 나갈 때 그 기억에 의존하는 활동을 하게 될 것이다.

나가기 : 되돌아보기, 미리 보기

이 책에서 가장 긴 이 장에서 실천가들은 무엇을 어떻게 가르치며 어린이들은 무엇을 느끼고 경험하는가에 관한 교수학에 대한 브루너의 생각과 관련된 측면을 살펴보았다. 우리는 우리로 하여금 학습을 어떻게 정의하고 또한 이러한 정의가 실천에 어떻게 영향을 미치는지를 숙고하도록 이끈 브루너가 일상 교수학(folk pedagogy)이라고 명명한 것의 비평을 검토하는 것으로 시작하였다. 그로 인해 우리는 몇몇 공유된 토픽이나 주제에 관한 학습이 어떻게 실천 공동체—공동체에 수용되는 것에는 긍정적이고 온전히 수용되지 않는 것에 대해서는 고립시키는—를 형성하는지에 대한 생각을 하게 되었다. 그다음으로는 교육과정에 대해 생각하였는데 문서로 작성된 국가수준 교육과정뿐만 아니라 의도되지 않았거나 잠재적 교육과정도 아동들의 동기와 자긍심 및 자신감을 형성하는 데 강력할 수 있다. 많은 지면이 우리가 학생들로 하여금 질문을 만들어 묻고 또한 답변을 시도하도록 하는 활동을 어떻게 제공할 것인가에 할애되었다. 이것은 브루너와 우리에게 성공적인 유아교육학의 주요 특징이다. 다음으로는 두 개의 다른 이슈를 살펴보았다. 하나는 브루너의 나선형 교육과정으로 그는 하나의 토픽이 연령대가 다른 어린이들에게 적절한 방식으로 도입될 수 있으며 어린이들의 학습이 좀 더 추상적이고 내재적이며 복잡해짐에 따라서 적절한 방식으로 거듭하여 여러 번 그 토픽이 재방문될(학습될) 수 있다고 단언한다. 우리는 사회적 교육자

들 — 전인적인 아동의 복지에 관심을 쏟는 사람들 — 의 생각이 유아
교육 실행에 어떻게 맞출 것인지에 관해 언급하였다. 이 장은 이러한
모든 것을 실행하는 것에 대한 함의 목록으로 끝맺었다.

다음 장은 이 책의 마지막 부분으로 브루너가 수년에 걸쳐 작업한
학습에 있어서 내러티브의 중요성을 다룬다.

제 **9** 장

내러티브
이야기 만들기

들어가기

이 장에서는 브루너의 보다 최근 저작에 주목할 것이다. 그 책에서 그는 우리가 세계를 해석하고 설명하고 이해하기 위해서 어떻게 이야기 만들기를 사용하는지에 대하여 관심을 기울이고 있다. 이야기 만들기 : 법, 문학, 인생(*Making Stories: Law, Literature, Life*)(2002)이라는 책*에서 그는 삶을 이해하기 위해서 우리가 하는 이야기들을 들여다보고 그 이야기들을 뒷받침하는 도덕적, 윤리적, 심리학적 문제들을 살펴보았다. 그는 내러티브는 우리의 삶을 해석하고 설명하는 방식이며 내러티브가 어떻게 많은 지식분야에서 하나의 도구로서 사용될 수 있는지를 고려한다 ― 인류학을 포함하여 브루너의 책(법과 문학)이라는 부제가 붙은 지식분야. 이 장에서 우리는 내러티브에 대한 합리성들과 그것이 어떻게 작동하는지를 포함하여 여러 가지 주제를 다룰 것이다. 즉 내러티브의 특징과 내러티브의 활용, 왜 다른 어떤 것이 아니라 스토리인가, 아이들의 삶에서의 내러티브, 내러티브, 인지 그리고 자아.

---

* 강현석 · 김경수(2010). 이야기 만들기 : 법, 문학, 인간의 삶을 말하다. 파주 : 교육과학사

내러티브와 내러티브가 어떻게 작동하는가

지난 20년 동안 브루너는 문화와 마음에 대한 내러티브적 견해라고 부를 수 있는 것을 체계적으로 발전시켜 왔다. 그리고 진실은 내러티브적으로 구성된다고 주장하였다. 내러티브에 대한 그의 관심은 그가 내러티브에 관한 주제를 다루는 두 개의 세미나를 동시에 지도할 때 시작되었다. 하나는 심리학자들의 세미나였고 다른 하나는 내러티브 작가들(시인, 소설가, 비평가, 편집자 그리고 극작가)의 세미나였다. 두 그룹은 모두 독자, 작가 그리고 텍스트에 관심이 있었음은 물론이고 심리학적이고 내러티브적인 질문들에 관심이 있었다. 그러나 두 그룹 간에 시작점과 분석에 있어서는 차이가 있었다. 심리학자들은 브루너가 말하는 '위에서 아래로' 방식으로 작업하였다. 반면 작가들은 '아래에서 위로' 방식으로 작업하였다. 그가 이러한 표현으로 말하고자 한 것은 심리학자들은 마음과 인지와의 관련성을 생각하면서 내러티브에 접근하였고 어떤 것을 설명할 수 있는 능력의 관점에서 이야기를 바라본다는 것이다. 어떤 면에서 그들은 내러티브를 과학자가 문제를 해결하려는 방식 — 패턴을 찾거나 답을 구하려는 방식 — 과 동일하게 접근하고 있다. 브루너가 논리–과학적 혹은 패러다임적(logico-scientific or paradigmatic)이라고 부르는 이러한 방식은 맥락을 무시하였다. 아래로부터 시작해서 위로 올라가는 작가들은 매우 달랐다. 그들은 특별한 내러티브, 시, 이야기, 챕터를 가져와 작가가 말하려고 하는 것의 증거로서 그러한 것들을 점검했다.

이로써 그들의 접근은 더욱더 문화와 맥락에 근거하게 되었고 그들은 의미를 탐색하며 텍스트를 읽었다.

내러티브의 특성과 쓰임새

브루너에 따르면, 내러티브가 무엇이며 그것이 어떻게 작동하는지를 면밀히 살펴보는 두 가지 이유가 있다. 첫째는 아픈 환자가 건강하다고 여겨지도록 하기 위해 '알맞은 종류의' 이야기를 하도록 도와주는 정신의학 같은 데서 결과를 통제하거나 좋게 보이도록 하는 것이다. 버지니아 액슬린(Virginia Axline, 1964)은 딥스라는 이름을 가진 5살 난 소년에 대하여 강력하고 심금을 울리는 설명을 했다. 그 소년은 IQ는 매우 높으나 다른 사람과 관계를 전혀 맺지 못했고 두려움과 화를 통제하지 못했다. 액슬린은 어떻게 그 소년이 놀이치료와 오랜 기간의 이야기를 포함하는 더디고 고통스러운 과정을 통해서 '적절한' 종류의 이야기를 할 수 있게 되는지를 기록했다. 그를 다루기가 어렵다는 것을 발견한 부모들은 그를 클리닉에 데리고 갔다. 그리고 아이의 선생님도 그 아이가 다른 아이들에게 신체적 공격을 가하는 것과 학급의 사회적 구성원이 되지 못하

버지니아 액슬린의 **자아를 찾은 딥스**
(*Dibs in Search of Self*)(1964)

는 것을 다룰 수 없었다고 말했다. 놀이 치료 세션 중 하나에서, 놀랍고 비극적인 이야기를 하며 1년을 보낸 후에 그 소년은 액슬린에게 다음과 같이 말했다.

"새는 거기 그 나무에 왔고 나는 나의 창문을 열어 새들과 이야기를 나누었다. 난 새들을 전 세계의 다른 곳으로 보냈다. 나는 새들에게 캘리포니아, 런던, 로마로 가서 노래를 불러 주어 사람들을 행복하게 해 주라고 했다. 나는 새들을 사랑한다. 우리는 친구야 … 그러나 바로 지금 나는 다른 할 일이 있다. 나는 내 동생이 박스에서 나오게 해야 해. 그리고 동생과 무엇을 할지 결정해야 한다. 동생은 집에 머물러야 할 것이다. 그리고 아빠가 사무실에서 집으로 돌아와서는 동생에게 호통을 친다. 그러고 나서 여동생은 돼지와 살려고 간다. 그리고 엄마도 그렇게 한다." 그는 웃으며 말한다. "설마 …그들은 한 집에서 산다. 엄마, 아빠, 여동생 그리고 소년." 그는 그가 딥스라고 표시한 소년 인물상(figure)과 다 자란 딥스 인물상을 집어 들어 양손에 든다. "여기 어린 딥스와 다 자란 딥스가 있어요. …이것도 나이고 이것도 나예요."

(Axline, 1964: 178)

여러분은 이 발췌문에서 그 소년이 어떻게 그가 만들어 낸 받아들일 수 없는 이야기들(예를 들어, 그의 여동생과 돼지들)의 측면을 드러내는지 알 수 있다. 그리고 또한 그 소년이 무엇이 받아들일 수 있는 이야기인지를 안다는 것을 보여 준다. 이것은 브루너가 내러티브로 간주하는 것으로 아이 자신의 '실제(reality)' 버전을 통해 정신건강을 결정하는 데 사용되고 있다.

내러티브를 연구하는 두 번째 이유는 내러티브와 '실제'와의 관계를 이해하기 위한 것이다. 그리고 내러티브를 실제 삶의 거울로 보고 내러티브가 인류와 인류의 모티브들, 그들의 감정과 욕망, 기대와 꿈에 대하여 말하는 것을 탐구하기 위한 것이다. 여러분이 내러티브에 대하여 생각할 때 이야기들이 처음에는 실제 삶과 문화에 깊게 뿌리박고 있더라도 종종 실제를 넘어 있을 수 있는 이야기로 간다는 것을 알게 될 것이다. 여러분이 읽었거나 들은 멋진 이야기들을 생각해 보라―이상한 나라의 앨리스, 나니아 연대기(사자, 마녀, 그리고 옷장), 오즈의 마법사, 해리포터 등. 확실히 작가들은 실제를 바탕으로 하거나 실제에 대한 그들 자신의 해석을 바탕으로 글을 쓴다. 그들은 그들의 세계와 문화에 대한 모습을 재창조한다. 그리고 내러티브들을 읽고 듣는 사람들이 어떤 보편적인 것들(사랑, 미움, 질투, 두려움, 화, 형제자매간 경쟁, 부러움, 욕구 등)을 이해할 수 있도록 한다. 이러한 보편적인 것들은 실제 세계에서뿐만 아니라 상상의 세계에도 좋거나 나쁘게 적용될 수 있다. 그래서 우리의 내러티브는 자서전, 전기, 소설, 로맨스, 판타지, 공상과학 그리고 사실(fact)을 포함한다.

우리 인간을 특별한 종(species)으로 만드는 것들 중 하나는 다른 사람들의 마음, 감정, 의도, 동기, 욕구를 이해하는 능력이다. 여러분은 이 책의 초반부에서 간주관성이라는 개념을 접했다. 토마셀로(Tomasello, 1999)가 주장하기를 우리가 문화 안에서 집단생활을 하도록 해 주는 것이 바로 이 간주관성에 대한 우리의 능력이라는 것이다. 브루너는 이러한 집단생활은 우리가 내러티브를 통하여 경험들을 조직하고 소통하기 때문에 가능하다고 덧붙인다. 그의 논지

마이클 토마셀로(1950년 생)
비교인지과학과 인간을 포함한 영장류 발달 심리학의 저명한 학자.

는 우리의 독특하고 개인적인 경험을 그가 '집합적인 주화(collective coin)'라고 부르는 것으로 전환하는 것은 바로 우리의 경험, 필요, 욕구, 동기에 대한 이러한 조직화라는 것이다. 작가는 우리를 매우 친숙하지 않은 세계로 데려가지만 그 세계에는 우리가 결론에 이끌 수 있도록 텍스트에 충분한 보편적 양상들이 내재한다. 여기에 하나의 예가 있다. 그것은 아룬다티 로이(Arundhati Roy)가 쓴 *The God of Small Things*라는 멋진 소설에서 나온다. "아이로서 그녀는 배우는 게 매우 빨라 아빠곰과 엄마곰 이야기를 무시했다. 그녀의 버전(version)에서 아빠곰은 동으로 만들어진 꽃병으로 엄마곰을 친다. 엄마곰은 아무 소리 못하고 체념하며 고통을 받는다"(Roy, 1998: 180). 단지 45개 단어로 로이는 독자를 학대를 목격한 아이의 어린 시절 경험으로 데려간

아룬다티 로이(1961년 생)
인도의 소설가, 에세이스트, 사회 운동가.

다. 아이의 고통을 느끼는 데 우리에게 더 많은 말이 필요하지 않다. 우리는 이것을 이해하려고 우리 스스로 학대를 경험할 필요는 없다. 이것이 우리에게 무엇을 말하는지 잘 생각해 보라. 우리는 이야기 읽기, 이야기 말하기, 이야기 만들기와 연기하기를 통해서 아이들이 그들의 삶에서 아주 어려운 이슈들을 다루는 데 도움을 줄 수 있다. 이것은 우리의 교육과정과 시간과 활동을 조직하는 방식에 대하여 시사하는 바가 크다.

인류학에서 나온 법적인 이야기와 내러티브 : 심층기술의 중요성

내러티브 창조하기는 결코 이미 만들어진 세계에 한정되지 않는다. 내러티브는 법정을 포함해서 삶의 많은 측면들에서 나타난다. 법적인 이야기는 법정 앞에서 들리는 이야기이다. 두 명의 화자가 있다. 첫째, 한 당파가 다른 당파가 저지른 행위—어떤 지역이나 나라의 법이나 법령을 어긴 행위—에 대하여 혐의를 주장하는 내러티브이다. 그리고 나서 자신의 입장을 지키려고 하는 기소된 당파의 내러티브가 있다. 즉 주장된 행위가 일어나지 않았다거나 거기에 있어 어떤 역할도 하지 않았다고 주장한다. 그러면 법정은 두 가지 이야기 사이에서 선택해서 판단해야 한다(물론 그 이야기에는 증거와 합법적인 절차들이 지원된다). 본질적으로 배심원은 어떤 이야기가 진실이고 합법적이며 받아들일 수 있고 증거로 뒷받침될 수 있는지 결정해야 한다. 브루너는 무엇이 하나의 이야기를 합법적인 이야기로 만드

는지에 대하여 길게 논의하지만 우
리는 깊이 들어가지 않는다. 오히려
내러티브를 이해하는 데 필수적인
문화에 대한 브루너의 생각을 살펴
볼 것이다. 하나의 예로서 다시 문학
으로 돌아오겠다.

이번에 우리는 하퍼 리의 유명한
책 앵무새 죽이기를 볼 것이다. 이 책
은 불관용과 편견 그리고 인종차별주
의로 가득 찬 미국 최남동부지역을 배

하퍼 리의 **앵무새 죽이기**(*To Kill A Mockingbird*)(1960)

경으로 한다. 그 내러티브에서 영웅 애티커스 핀치는 백인이고 자유
당을 지지하는 반(反)인종차별주의 변호사이고 두 아이를 가진 아빠
이다. 흑인 톰 로빈슨은 백인 여성을 강간한 혐의로 고소되었다. 그
리고 핀치는 법정에서 이 흑인을 변호한다.

선택된 발췌문은 법정에서 공소를 제기한 변호인 길머가 피해자로
추정되는 사람인 이웰의 땅에서 무엇을 하고 있었는지에 대해 톰이
질문을 받고 난 이후의 이야기다. 톰의 대답에서 그는 그가 그녀를
위해 몇 가지 허드렛일을 하고 있었다는 사실을 말한다. 여러분은 이
발췌문을 읽을 때 변호인의 말투와 그가 말은 하고 있지 않으나 암시
하는 것들에 주의를 기울여 보라.

"왜 당신은 여성의 허드렛일을 그렇게 하고 싶어 했습니까?"

톰 로빈슨은 대답할 말을 찾으며 머뭇거렸다. "그녀를 도와줄 사람이 아무도 없는 것처럼 보였어요, 내가 말했던 것처럼 -."

"그 장소에 이웰과 일곱 명의 아이들이 있었는데도?"

"글쎄, 그들이 그녀를 전혀 도와주지 않는 것처럼 보였어요."

"당신은 순수한 선의에서 이 자르기(chopping)와 일을 했다?"

"그녀를 도우려고 했어요."

길머는 배심원을 향해 냉혹한 웃음을 지었다. "당신은 아주 힘이 세고 착한 사람이다, 돈을 바라고 한 것은 아닌 것 같다?"

"네. 나는 그녀에게 진정한 동정을 느꼈어요. 그녀는 다른 사람들보다 더 애쓰는 것 같았어요."

"당신은 그녀에게 동정을 느꼈다, 당신이 그녀에게?" 길머는 천장에라도 올라갈 듯이 보였다.

그 증인은 그의 실수를 알게 되었고 의자에서 불편하게 자세를 바꾸었다. 그러나 피해는 일어났다.

(Lee, 1960: 201)

최남동부 지역사회의 전후사정과 편견, 인종차별의 문화는 길머가 사용한 언어에 나타나고 위의 사례에서 피할 수 없는 결론을 이끌어 낸다. (만약 여러분이 그 책을 읽지 않았다면 아마 이것이 그렇게 하도록 부추겼을 것이다.)

매팅글리 등(Mattingly et al., 2008)은 우리에게 브루너가 내러티브는 문화적인 것뿐만 아니라 문화도 내러티브적인 것이라는 점에 초점을 맞추고 있다고 말한다. 그래서 사람들은 그들 이전에 있었던 내러티브를 말하고 지역사회의 연장자들이 이해를 도와주는 내러티브를 말한다. 브루너는 다음과 같이 말한다.

그것은 진행 중에 있는 연극무대 위를 걸어가는 것과 같다 — 다소 결말이 정해지지 않은 플롯이 우리가 어떤 부분의 역할을 할지와 우리가 어떤 대단원을 향하여 갈지를 결정하고 있는 연극. 무대 뒤의 다른 사람들은 이미 연극에 대하여 충분히 이해하고 있다. 그들은 새로운 사람과 협상이 가능할 만큼 이해력이 충분하다.

(Bruner, 1990: 34)

우리는 아무런 사전준비 없이 진공상태에서 이야기를 만들지는 않는다. 오히려 우리는 이야기와 의례, 그리고 우리 문화의 의식에서 이야기를 만들고 구성한다.

 인류학 분야에서 사람들의 삶과 문화가 묘사되는 방식은 단순한 관찰보다 더 많은 것을 포함한다. 이는 유명한 인류학자 클리포드 기어츠(Clifford Geertz)가 '심층기술(thick description)'이라고 부르는 것을 포함하고 있다. 그가 말하는 심층기술에서의 관찰은 조사자들이 보고 듣는 것만을 의미하는 것이 아니라 결정적으로 그들이 보고 듣는 것에 대한 그들 자신의 해석을 포함한다. 기어츠가 말하기를 "우리가 우리의 자료라고 부르는 것은 진실로 사람들이 한 일을 다른 사람들이 구성한 것을 우리가 구성한 것이다"(1973: 9). 기어츠는 해석학적 인류학자로 묘사되는 학자들 중 한 명이다. 이것을 더 명확히 설명하기 위해서 우리는 영국과 캐나다, 태국 그리고 이탈리아 출신의 조사자들 집단에 의해 수행된 조사프로젝트를 살펴볼 것이다. 그들은 어린 시절의 발전과 학습에 대한 문화적인 연구를 위한 방법론을 찾으려고 노력하였다. 그들은 그들의 프로젝트를 'A Day in the Life'라고 불렀다. 그리고 그들이 하려고 하는 것은 다섯 가지 문화 —페루, 이탈리아, 캐나다, 태국, 영국— 각각에서 2살 반쯤 된 여자 아이의 하루 동안의 생활을 영화로 만드는 것이었다. 조사자들은 영화를 보았고 몇몇 장면이 선택되어 테이프로 만들어졌다. 이것을 지역 조사자들과 아이들의 가정에 제공하였다. 사람들의 반응도 모두 테이프에 담겼고 문화적 맥락에서 아이들이 인식해 나가는 것을 모두 점검하였다. 그러한 작업은 매혹적이었고 심층기술의 좋은 예이다. 그것은 해석의 층 위에 기술 또는 해석의 또 다른 한 층을 구성하기 때문에 심층적이다. 여기에 고려할 만한 길렌(Gillen)의 몇 가지 단편적인 지식이 있다(2007).

아이의 그림을 그리려고 하는 그들의 시도와 문화적인 맥락 안에서의 그녀의 상호작용으로 조사자들은 편집한 영화를 그 가족에게 가져가고 가족들이 그들이 본 것에 대하여 토론하면서 그 가족을 인터뷰하는 것을 영화로 만들었다. 조사자들이 지역 연구자들에게 집중하여 묻는 질문들 중 하나는 'strong child'가 의미하는 것에 대한 가족의 의견이다. '강한 아이'는 영국에서 유아기 형성 단계의 주제 중 하나였다. 조사자들은 가족들에게 그들의 문화에서 아이에 대한 가장 적합하고 긍정적인 형용사에 대하여 묻는다. 캐나다의 엄마는 자녀가 강건해야(sturdy) 한다고 말한다. 그것은 친절하고 독립적이고 그리고 사회적이어야 한다는 것을 의미한다. 이탈리아 아빠는 아이의 웰빙에 있어 부모의 역할의 중요성을 강조한다. 그리고 돌보고 나누며 힘 있고 독립적인 사람을 뜻하는 uno bambino in gamba가 되기를 바란다. 그리고 그들은 아이에게 '우리의 좋은 원칙'들을 줄 수 있다고 말했다(Gillen, 2007: 212).

태국에서 그 가족은 아이가 자신감 있고 유순하며 가족과 함께 머물면서도 자립적이기를 바란다. 그리고 페루의 숙모, 할아버지 그리고 부모들은 각각 중요한 역할을 수행하고 있다고 느끼고 있고 전통적인 가치의 중요성을 강조했다. 영국에서 엄마는 쌍둥이 자녀가 양쪽 다 각자의 자아라는 걸 느꼈고 쌍둥이의 차이를 가져오는 환경의 영향을 강조했다.

남아프리카공화국에서의 내러티브

하시나 에브라힘(Hasina Ebrahim, 2008)은 아이들을 조사 프로젝트 참여자로 포함시키는 도덕적으로 옳은 방법을 점검하는 흥미롭고 적절한 글을 썼다. 그 프로젝트는 남아프리카공화국에 있는 크와줄루

나탈에서 사는 두 명의 어린아이들에게 수행된 것이다. 매우 다른 공동체 환경이 주어졌고 인종차별정책 구별을 생각나게 했다. A센터는 백인 지역이었던 곳의 중산층 환경이다. 그곳은 부모들이 지불한 돈으로 지원을 잘 받으며 인종적으로 통합되어 있다. 이 지역의 2~4살 사이 10명의 아이들(남자 5명, 여자 5명)이 연구에 포함되었다. B센터는 도시의 외곽에 위치하며 흑인거주구역이었고 자원이 부족하고 공동체기반 환경이었다. 그 지역은 사회 발전부로부터 약간의 보조금을 받고 있었고 에이즈의 영향과 학습의 다른 장벽들을 살펴보는 프로그램의 일부분이었다. 그 지역은 정말 가난하고 질병과 범죄가 만연해 있다. 이 지역에 사는 4~6살 사이 8명의 아이들(남자 4명, 여자 4명)이 연구에 포함되었다.

조사를 수행하기 위해 에브라힘은 관련된 어른들의 동의를 얻었다. A센터에서는 부모들이 그들 자녀의 옹호자로서 그들 자신의 역할에 자신감이 있었다. 자녀들의 참여에 대한 거부는 백인 부모들에게서 나왔다. 그 자녀들을 조사하느라 시간을 소비한다면 그들이 지불하고 있는 돈이 낭비될까 봐 불안해했다. 몇몇 부모들은 아이들이 조사자들과 공유할 만한 가치가 있다고 하는 제안에 대해서도 회의적이었다. 한 흑인 부모는 아이가 상대적으로 영어실력이 부족하다고 걱정하였다. 그러나 그 부모는 나이가 더 많고 줄루어를 사용하는 아동이 통역을 해 준다는 것이 분명해지자 안심했다. 몇몇 인도인 부모들은 에브라힘이 박사학위 논제의 한 부분으로 그 작업을 수행한다는 것에 감명을 받았다.

B센터에서는 공동체에 대한 접근이 필요했다. 공동체 프로젝트로서 정치적이고 전통적인 지도자들, 부모들 그리고 그 지역에서 일하는 비정부 조직들과의 협상으로 이루어졌기 때문이다. 상담을 받은 구성원들은 아이들이 참여하는 데 도움이 되는 정보를 주었을 뿐만 아니라 추가 환경개선을 위한 기회도 제공하는 등 그 접근방식을 열열히 지지하였다. 물론 이것은 조사의 범위를 벗어났다. 부모들과 보호자들을 만나는 것은 행여 있을 문맹의 가능성과 그로 인해 배제되고 싶어 하지 않는 욕구 때문에 더 어려웠다. 한 명의 생물학적 엄마와 8명의 할머니(엄마의 사망이나 부재로 인해 보호자가 된)들이 그 미팅에 참여했다. 누구도 아이가 참여하는 것을 거절하지 않았다. 에브라힘은 그 환경이 희망과 학습의 장소로 보이며 그 지역을 둘러싼 실조의 상황에서 안정감을 주는 것으로 보였기 때문이라고 말한다. 많은 아이들이 자신의 짧은 인생에서 목격한 것에 비추어 본다면 이 프로젝트의 참여는 쉬운 선택이었다.

에브라힘은 이 프로젝트에 대한 아이들의 참여에 관하여 더 많이 저술하였다. 그리고 어떻게 심층기술의 활용이 그녀가 관찰한 것을 분석할 수 있게 하는지 설명했다. 그녀는 아이들이 말한 것뿐만 아니라 아이들의 몸짓, 얼굴 표정, 자세 그리고 행동을 기록하였다고 말했다. 그녀는 뛰고 점프하고 그림을 그리고 벽에 사진을 붙이고 이야기를 하는 것과 같은 신체적인 행동들을 하는 아이들을 관찰하였다. 그녀는 "아이들은 자아의 의미를 구성하며 문화의 한 부분이 되고 세계를 이해하며 문제를 풀고 감정을 다루고 관계를 맺도록 하기 위해 이야기를 한다"고 말한다(Ebrahim, 2008: 7). 아이들의 내러티브를 점검하는 것은 그들의 세계에 대한 그들의 의견을 이해하는 데 좋은 방식이라는 것이 분명해 보였다. 그러나 그녀에게 의문이 생겼다. 거기에는 무엇이 이야기를 만드는지에 대한 고정된 생각이 없어야 한다는 것이다 — 어떤 시작, 중간 또는 끝도 없어야 한다. 몇몇 크게 감동적인 이야기들이 포함된 부각되는 이야기들은 B센터의 아이들이 병과 상실, 죽음과 슬픔에 대하여 이야기할 때였다. A센터의 아이들은 아이들, 관계들 그리고 큰 학교의 지식에 대해 그리고 여자 아이들에게 무엇이 좋은지, 남자 아이들에게 무엇이 좋은지에 대하여 이야기했다.

아이들 삶에서의 내러티브

브루너는 아이들이 일찍부터 내러티브의 세계에 들어간다고 말한다. 아이를 가진 사람들 또는 아이들과 시간을 보내는 사람들은 이것이 놀랍지 않다는 것을 발견할 것이다. 아이들은 말을 하기 시작하자마자 말을 얼굴 표정과 몸짓과 억양과 결합시켜 원형 내러티브(proto-narrative)를 만든다. 여기 몇 가지 예가 있다.

- 아이는 텅 빈 아이스크림콘을 보고 슬픔에 잠긴 목소리로 말한다. "모두 사라졌어!"(아이는 어떻게 아이스크림을 하나도 남기지 않고 다 먹어 버렸는지에 대한 슬픈 이야기를 한다.)

- 생일 선물을 받은 아르투로는 밝게 미소를 지으며 "ammi me." (ammi는 그가 숙모를 부르는 말이다.)라고 말한다. (아르투로는 숙모가 선물을 줘서 행복하다는 이야기를 한다.)

이야기로 경험을 이해하려는 욕구는 문화적 맥락 안에서 어른들과 이야기하는 아이의 초기 대화에서부터 생기는 것처럼 보인다. 여러분은 이와 관련된 것을 책의 앞부분에서 읽었을 것이다. 이러한 대화에서 아이들이 어른들의 의도를 이해하는 것을 도우려고 어떤 대화를 이야기로 전환시킨다는 점에서 어른의 의도는 내러티브적으로 보일 수 있다. 뚜렷한 예는 캐서린 스노우(Catherine Snow, 1977)의 저작에서 나타난다. 그녀는 아기가 태어난 지 몇 달 안 되는 동안 엄마들이 사용하는 발화를 분석했다. 그리고 엄마들이 동기와 감정을 부여하고 플롯의 기초들을 삽입하면서 일상 사건들을 하나의 뚜렷한 내러티브 방식으로 이야기한다. 여기에 학생들이 제공한 몇몇 예가 있다.

- 아이가 딸랑이 장난감을 떨어뜨렸을 때 내가 아기에게 "딸랑이가 어디로 사라졌지?"라고 묻자 남편은 나를 비웃었다. 남편은 딸랑이가 떨어진 걸 아이가 알 거라고 생각하는지 그리고 아기가 딸랑이가 어디로 갔는지 나에게 대답할 수 있다고 생각하는지를 물었다.
- 엄마는 내가 "나는 엄마가 무엇에 웃고 있는지 알아요." 또는 "그

런 기분 나쁜 표정 짓지 마세요." 같은 말을 할 때 내가 엉뚱하다고 말한다. 엄마는 내가 아이가 엄마보다 더 안다고 생각하는 것 같다고 말한다.

고든 웰스는 마크라는 이름을 가진 2살이 안 된 아이의 예를 제시했다. 그는 엄마와 이야기하고 있다. 그는 새들이 창문 밖에서 무엇을 하고 있는지에 대해 엄마와 이야기를 주고받고 있다. 대화는 엄마가 새에 관심을 갖게 하려는 데서 시작되었다. 그러고 나서 엄마는 새들이 무엇을 하고 있는지 그에게 물어보았다. 그의 답변은 그의 엄마만이 이해할 수 있었다. "Jubs bread."(Jubs는 새라는 뜻으로 마크가 한 말이다.) 웰스는 2주 후 그 아이가 엄마와 더 넓은 범위의 이야기를 하며 상상의 쇼핑 여행에 대하여 이야기할 때 아이가 점점 주요 내레이터의 역할을 전수 받았다고 말하였다(Wells, 1981).

브루너(2002)는 유아들의 내러티브 조숙증이라고 부르는 것에 대하여 저술하였고 이 저술에서 3살 이전의 에미가 잠들기 전에 침대에서 중얼거리는 것을 기록한 연구들을 인용했다. 모든 녹화는 에미가 3살이 되기 전에 이루어졌다[Joan Lucariello의 'Monologues as Narrative Recreation of the World(세계에 대한 내러티브적인 재창조로서 모놀로그)'(1989)라는 제목의 훌륭한 보고서에서 이 어린아이가 어떻게 내러티브를 사용하는지를 보여 준다]. 예를 들어, 에미는 하루 일상에 대하여 이야기할 뿐만 아니라 기대치 않게 일어난 일이나 이상한 일에 대해서 매우 흥미 있어 하거나 끌리는 것처럼 보인다.

그러고 나서 에미는 그녀가 어떻게 과거에 일어난 비슷한 일들을 다루었고 앞으로 다시 일어난다면 어떻게 다룰지를 혼잣말로 이야기한다. 브루너는 에미가 정확한 구문론적 형식을 찾도록 도와주는 내러티브적 감수성을 가진 것 같도록 이야기에 열중한다는 결론을 내렸다. 그래서 브루너는 우리가 실제(혹은 실재)를 이해하기 위해서 이야기를 말하는 경향성이 있다고 말한다.

아이가 내레이터가 되는 이유는 세계가 어떻게 되어야 한다는 것에 대하여 그들이 발전시킨 기대를 탐구하기 때문이다. 그들은 경험과 상호작용 그리고 세계의 규칙과 패턴을 구하는 방식을 통하여 기대를 발전시킨다. 그러나 그들은 또한 기대되지 않은 것, 환상적인 것, 그리고 놀라움을 좋아한다. 이 책의 앞부분에서 읽은 어른들이 아이들과 하는 서스펜스와 예언게임을 생각해 보라. 그리고 이것들이 아이들에게 어떻게 기쁨을 주는지를 떠올려 보라. 그 이야기들에서는 그들은 종종 예기치 않은 것과 비일상적인 것의 양상이 있다고 말하고 그들은 쾌활한 관점으로 세상을 보고 탐구한다. 여기 이상하고 환상적인 것들이 평범하고 일상적인 것들과 섞이는 어린아이가 말하거나 쓴 내러티브의 예가 있다.

- 첫 번째는 4살 된 옥타비아라는 아이가 말하는 내러티브이다. 이는 내러티브에서 책 언어와 일상에서 쓰이는 언어가 섞인 아름다운 예이다.

'옛날 옛적에 내가 어렸을 때 우리 집 정원에 나의 식물에서 나온

지렁이가 있었어.'

- 두 번째는 샘이 5살 때 쓴 내러티브이다.

이 여자는 광대를 잡아 칼로 찌른 마녀다. 마녀는 웃기는 광대를
죽이려고 마법가루를 섞었다. 마녀는 단지 광대가 웃겨서 그를 죽
이려 한다. 그러나 그 이유가 있다. 왜냐하면 그녀는 재미있는 일
을 싫어하기 때문이며 모든 광대는 재미있었다. 그 광대는 특히 그
랬다. 그 마녀를 제외하고 누구나 그를 좋아했다. 다른 마녀들조
차 그를 너무 좋아했다. 그들 모두는 그 광대가 대단하다고 생각했
지만 웃기는 것을 좋아하지 않는 마녀는 그렇지 않았다. 그녀는 정
말 재미있는 것을 싫어했다….

- 이것은 피터가 7살 때 쓴 내러티브이다. '그의 레이저빔을 부순 아
이'라고 불린다.

오래전 차가 발명되기 전에 작은 소년이 있었고 그의 이름은 존이
었다. 존이라는 이름의 아이는 숲 속에 가서 그의 할아버지, 할머
니를 만나는 걸 좋아했고 이 특별한 날 숲 속을 걷고 있었다. 그때
그는 네 그루의 나무의 빈터를 지나 걷고 있었고 커다란 그물이 그
를 덮쳤다. 그다음 그가 아는 것은 그가 박쥐의 발톱에 매달려 근
처 동굴로 날아가고 있었다는 것이다….

- 클라우디오는 마녀의 공에 대한 이야기를 다음과 같이 만들었다.

마녀의 공에서만 미래를 볼 수 있다. 우리는 미래를 볼 수 없다. 나는 내가 내일 괜찮을지 알 수 없다! 공부를 해야 한다는 것, 머리로 생각해야 한다는 것은 안다. 미래는 내일이다. 왜냐하면 그 유리공이 당신에게 내일 무엇이 있을지와 전에 무엇이 있었는가를 보여주기 때문이다. 마녀도 유리처럼 만들어졌지만 치아를 하나만 가지고 있다—마녀들은 그렇게 태어났다. 마녀들은 다 죽었지만 유리공은 아직 여기 있고 우리는 유리공에서 미래를 볼 수 있다.

(Fiastri and Rodari 유치원 5 · 6세반 아이들의 말을 인용. 2001 : 46)

자신에 대한 내러티브 만들기

브루너는 연구자들과 철학자들이 전통적으로 사고를 추론(reason)과 연결시켜 왔지만 이것이 필수불가결한 것이 아니라고 말한다. 거기에는 사고의 또 다른 방식이 있고 그것은 스토리텔링 또는 내러티브로 이어지는 사고하기이다. 하나의 특별한 종류의 이야기는 자신의 인생에 대한 이야기, 즉 자서전이다. 브루너에게 이것은 자신과 자신의 삶을 이해하는 한 가지 방식으로 보였다. 그리고 그는 예술이 인생을 모방할 뿐만 아니라 인생도 예술을 모방한다고 말한 오스카 와일드의 말을 빌려온다. 우리는 우리가 누가 되는지를 결정하는 데 있어 중요한 것처럼 보이는 우리 인생의 사건들을 반추한 것을 구성한다. 그래서 우리가 우리 삶에 대하여 말하는 이야기는 선택(뭘 말하고 뭘 말하지 않을 것인가?)을 포함하고 그것은 반성을 포함한다. 우리 삶의 내러티브를 구성하는 것은 하나의 복잡하고 문화적으로 구성된 인지적·언어적 과정의 세트이다. 이는 사건의 구조화(구성), 기억의 조직화 그리고 우리가 말하는 이야기(tale)에 부여하는 형상화를 포함한다. 우리는 우리의 문화에 존재하는 그러한 이야기들을 말하는 관습에 따라서 이야기를 만들고 형상화한다.

시인 마이클 로젠은 그의 삶에서 끄집어낸 그의 몇몇 이야기를 구조화하는 하나의 방식으로 시를 선택하였다. 그는 *Carrying the Elephant*라는 시집에서 그의 인생과 그의 좌파유태인 가정교육에서 온 사건들, BBC에서의 수습시절, 결혼 파탄, 그의 18살 아들 에디의 죽음 등을 묘사한다. 여기에 이런 유형의 자서전이 얼마나 선택적이고 투영적일 수 있는지를 완벽히 증명하는 발췌문이 있다.

나의 아버지는 군대가 베를린에 도착했고
임시숙소로 사용되는 빈 집으로 보내졌다고 말했다.
책꽂이에는 괴테나 쉴러 같은 위대한 독일 작가들의
문학 작품들이 있었다.
그리고 라틴어책. 1권 이어서 2권.

(Rosen, 2002: 1)

조에게, 당신의 사납고 시끄럽고 덩치 큰 형이 죽었어요.
나는 나의 부모님들이 했던 것을 할 수 없었어요.
두 명의 소년을 데려와서, 4년 동안 떨어져서 미로를 지나서.

나는 내가 그들처럼 내 길을 잘 찾을 수 있을지 모르겠어요.
그들이 시작점 부근에서 하나를 잃어버리는 걸 보면서.

(Rosen, 2002: 47)

강하게 마음을 움직이는 첫 번째 시에서 마이클 로렌은 그의 부모님을 언급한다. 그의 아버지 해롤드 로젠은 자신이 스토리텔러이고 내러티브에 관한 권위자였다. 그의 소책자 *Stories and Meanings*에서 그는 파워와 내러티브의 중요성에 대하여 말하였고 몇몇은 자신의 자전적인 글을 포함하고 있었다. 그는 그가 어떻게 학교에서 이야기하는 일을 맡게 되어서 허구적인 이야기 하나와 진실되고 자전적인 이야기 하나를 선택했는지를 말한다. 허구적인 이야기로 그는 오스카 와일드의 '행복한 왕자'를 선택했다. 그의 진실한 이야기로는 학교에서 한 시간 세션 동안 일어난 사건들을 말하였다. 이야기에 대한 그의 간략한 요약은 아래와 같다.

내가 14살이었을 때 여섯 명 정도의 아이들이 학교에 남겨져 있었다. 영어사용 학교에서 detention(방과 후 남게 하는 벌)이라 부르는 의례로 그 학급에 새로 온 한 학생은 감독교사가 그 교실을 나가자 소화기를 터뜨렸다. 그 교사는 매우 무능한 사람으로 허겁지겁 쫓아와서 그 소화기를 창문 밖으로 향하게 했다. 어느 시점에서 소화기는 마지막 미약한 분출을 했다.

(Rosen, 1984: 36)

여러분이 여기에서 알게 되는 것은 그가 발전시킨 이야기의 기본이고 그 책의 마지막 장에 나타난 이야기의 뼈대이다. 완전한 이야기를 읽으면서 이야기는 기본적으로 불길하고 문제를 일으키는 어떤 것에 대한 것이고 시대를 나타내는 것이고 반유대주의에 관한 것이라는 게 확실해진다.

여러분이 이야기, 시 또는 일기의 형식으로 읽을 수 있는 많은 자서전들이 있다. 그러나 여러분은 또한 아이들이 여러분 환경이었을 때 말하거나 쓴 간단한 자서전을 찾아 눈여겨볼 수 있다. 종종 아이들의 이야기는 순차적이지도 명확하지도 않지만 아이들은 항상 흥미로운 사실을 드러낸다. 여기에 여러분이 고려할 만한 몇 가지가 있다.

여기 알레시아가 쓴 혼란스럽지만 아름다운 자서전의 한 부분이 있다.

엄마와 아빠가 결혼했을 때, 내가 태어나고 나의 동생이 태어날 때 엄마, 아빠의 미래는 만났다. 그들이 만날 때 무지개처럼 아름답다. 나의 할아버지 할머니도 역시 아이들이 태어났을 때 만났다. 때때로 앞으로 슬픈 일들이 있다. 눈물이 있다. 중간에 그들이 결코 만나지 않은 다른 사람의 슬프고 행복한 미래가 있다.

(Fiastri and Rodari 유치원 5 · 6세반 아이의 말을 인용. 2001 : 42)

그리고 여기 사랑이가 쓴 글이 있다. 그는 스와질랜드에 사는 6살 난 고아다.

나의 엄마는 죽었다. 나의 아빠도 죽었다. 나의 동생은 아프다. 나의 삼촌이 나를 보살핀다. 나는 애기를 보살핀다. 나의 삼촌은 일하러 가고 우리는 바깥에 있어야 한다. 삼촌이 문을 잠근다. 아기는 많이 울고 날씨는 덥고 우리는 목마르다. 나의 인생은 슬프다.

그리고 마지막으로 페일리의 유치원에 있는 아이들이 말하고 연기한 다수의 놀라운 이야기들 중 하나다. 이것이 자서전인지 아닌지 여러분이 결정해 보라.

옛날에 엄마, 아빠, 그리고 두 명의 작은 여자 아이가 있었다. 아빠는 "일어나라. 너희 엄마는 일하려 가려 한다."고 말했다. 그래서 그들은 일어났고 엄마는 일하러 갔다. 그러나 아빠는 집에 머문다. 그러나 아빠는 아이들이 있는 방 안에 없었다. 그리고 그들은 캔을 따는 오프너를 가지고 놀았고 손가락을 다쳤다. 아빠는 그들이 뭘 하는지를 봤고 그는 엄마에게 이야기했다. 엄마는 "너희 방으로 가라."고 말했고 그들은 이후 행복하게 살았다.

(Paley, 1988: 95)

아이들은 여러 가지 방식으로 인생의 우여곡절을 다룬다. 그리고 가장 강력한 방식들 중 하나가 이야기를 만들고 재연하는 것이다. 이러한 모든 것 안에는 자서전의 요소가 있는 것처럼 보인다. 왜냐하면 자신의 인생과 자신의 이야기를 그리는 것보다 더 나은 게 어디 있겠는가 말이다. 그러나 거기에는 또한 환상, 유머, 비극, 두려움 그리고 놀라움의 요소들도 있다.

실천을 위한 함의

여러분은 학급이나 환경에서 일상의 한 부분으로 이야기와 내러티브를 이미 사용하고 있을 것이다. 여러분은 아마 하루에 한 번 또는 더 여러 번의 이야기 시간을 가지거나 이야기 나누기 활동을 하고 있을지도 모른다. 그리고 책, 이야기, 그리고 라임(rhyme)을 선택하고 영어가 모국어가 아닌 아이들이 의미를 이해하도록 해 주는 시각적 도움장치에 대해서도 생각하며 이 시간들을 계획할 것이다. 여기 여러분이 할 수 있는 몇 가지가 더 있다.

1. 여러분은 아이들에게 이야기를 읽어 주고 말해 주고 싶을 것이다. 그보다 더, 여러분은 아이들이 그들 자신의 이야기를 만들어 내서 말하고 실연할 수 있도록 하는 방법들을 찾으려 할 것이다. 우리는 비비안 페일리가 그녀의 유치원에서 아이들과 함께 어떻게 그렇게 했는지를 이 책에서 봤다. 그리고 여러분은 *Writing Superheroes*(1997)라는 앤 하스 다이슨(Anne Hass Dyson)이 쓴 책을 즐겨 읽을지도 모른다. 이 책에서 다이슨은 좀 더 큰 아이들과의 작업을 분석했고 교사들은 아이들이 자신들의 관심거리를 교실에 가지고 오도록 허락되었다는 것을 알게 해 주는 데 그녀의 관심의 초점이 맞추어졌다. 그 당

시 아이들의 관심은 대중문화에서 가져온 슈퍼영웅과 다른 인물들에 관한 것이었다. 아이들은 이야기를 통해 이를 나타냈다. 어떤 실천가들은 이야기하기를 고무시키기 위해 물리적 장치를 이용한다 — 예를 들어 '작가의 의자(author's chair).' 이 아이들은 번갈아 가며 이 의자에 앉아서 그날 하루의 이야기를 하는 책임을 맡는다.

2. 여러분이 아이에게 이야기를 읽어 주거나 아이들이 말하는 이야기를 들을 때, 아이들이 그들의 감정을 표현하도록 이야기 안에 있는 기회를 찾으려 주의를 기울이라. 때때로 아이들은 허용되기 전에는 기쁘고 두렵고 걱정하는 것을 드러내지 않는다. 내러티브는 이것을 하게 하는 놀라운 방법이다. 여기에 페일리의 작품에서 발췌한 예가 있다. *The Kindness of Children*이라는 책에서 페일리는 8살 된 캐리가 수수께끼라고 부르는 것을 그녀에게 이야기하는 것에 대한 글을 썼다.

> 매일 너는 너를 좋아하는 어떤 사람을 찾는다. 그리고 때때로 너는 친구를 찾았다고 생각한다. 그러나 다음 날 너는 다시 시작해야 한다. (친구를 만들려고 발버둥치는 아주 슬픈 이야기)
>
> (1999: 120 - 1)

3. 여러분은 이야기와 내러티브가 아이들과 다른 사람들로 하여금 사랑과 미움, 두려움 그리고 화, 선과 악, 질투와 경쟁심과 같은 보편성을 탐구하도록 한다는 브루너의 주장을 기억할 것이다. 여러분이 아이에게 말할 이야기들에 대하여 신중하게 고려하는 것은 중요하

다. 그리고 아이들이 여러분에게 말하는 이야기에 대해서는 더욱더 그러하다. 여러분은 아이들이 고려하는 심각한 이슈들이 무엇인지 파악하고 필요하다면 적절한 조치를 취할 수 있다. 앞에서 인용한 캐리의 예에서 페일리는 이렇게 반응했다.

> 나는 팔로 캐리를 감싸고 기다린다. 그녀는 할 말이 더 있지만 말을 더 하면 더 이상 수수께끼로 가장될 수 없다···. "그 아이들이 나를 싫어해요."라고 그녀는 짧게 말한다. 40년에 걸친 가르침이 그녀의 말의 충격을 줄여 주지 않는다···. "여기에 그들이 왜 나를 그렇게 미워하는지에 대한 이유가 있어요. 내가 말하는 방식이에요. 그리고 나의 웃음은 바보 같아요. 그리고 나는 농담을 이해 못해요. 그래서 나는 그들이 견딜 수 없는 바보 같은 얼굴을 하고 있어요···."
>
> (Paley, 1999: 121)

캐리의 수수께끼의 진짜 주제를 상황에 맞게 조정한 페일리의 능력은 그 아이가 왕따를 해결할 수 있도록 조치를 취한다.

4. 내러티브의 또 다른 특징은 자세히 설명될 필요가 없다는 것이다. 여러분이 아이들에게 사실적인 것을 적으라고 요구한다면 여러분은 구체적인 모든 것을 필요로 한다. 그러나 내러티브는 글쓴이와 작가가 독자로 하여금 어떤 작업을 하도록 한다. 최근 나는 몇몇 아이들을 극장에 데려갔다. 그들은 텔레비전과 DVD, 컴퓨터, 닌텐도 위, 그리고 다른 과학기술 세계의 놀라운 것들에 익숙한 아이

들이다. 그리고 나는 이 아이들이 불신을 저만치 밀어 둘 수 없다는 것을 발견하고 놀랐다. 등장인물들 중 하나가 극장의 천장을 가리키며 "오, 머리 위로 날아가는 새를 봐."라고 말했을 때 아이들은 천장을 쳐다보지 않았고 내가 천장을 쳐다봤다는 것에 놀랐다. 아이들이 말했다. "우리는 건물 안에는 새가 없다는 것을 알기 때문에 올려다보지 않았어요." 우리는 아이들이 상상할 기회를 주어야 하며 우리가 그들과 함께 상상하게 만들어야 한다. 그래서 이야기를 읽는 것뿐만 아니라 이야기를 할 때도 자신감을 기르라. 그리고 이야기를 할 때 아이들의 마음에 그림을 그려 줄 수 있는 은유와 직유를 사용하는 복잡한 언어를 이용하라. 물론 몇몇 아이들에게는 시각적인 힌트가 필요하다는 것도 알아야 한다. 이것이 어떤 이야기 시간은 시각적 자료와 함께 구성해야 하고 어떤 이야기 시간은 그럴 필요 없이 이야기 시간을 구성해야 하는 한 가지 이유다.

5. 여러분은 '심층기술'을 말한 인류학자 기어츠를 기억할 것이다. 기어츠가 말하는 심층기술은 다른 어떤 것에 대한 더 많은 미묘한 시각을 제공해 줄 수 있다는 의미이다. 이것은 특히 어린이에게 진실이다. 어린이는 그들 자신의 다른 측면을 드러낼 것이며 다른 맥락에서 또는 다른 사람들에게 그들의 발달 모습을 보일 것이다. 여러분은 이것을 알 것이다. 그리고 모든 가능성에서 이미 아이와 관련된 모든 것이 각각의 아이들이 어떻게 성장하는지에 대한 명확한 그림을 발달시키도록 공헌하는 것과 관련 있다는 것을 확신할 것이다.

6. 또 다른 명백한 암시는 여러분이 돌보는 아이가 가지고 있는 여러

분의 기대와 연관된다는 것이다. 모든 아이가 유능하고 호기심이 있고 가설을 만들고 사회적이고 상호적인 존재이며 소통하고 배우려고 한다는 것을 기억하는 것이 아주 중요하다. 그 아이들이 아무리 어리고 그 아이들이 어떤 집에서 태어났더라도 그러하다. 높은 기대를 한다는 것은 여러분이 모든 아이가 그들의 선행 경험을 바탕으로 구축하고 질문을 제기하고 답하며 소통하도록 하는 교육과정을 확실히 제공하겠다는 의미이다.

마지막 말

연세가 아흔여덟인 브루너는 아이들이 어떻게 성장·발달하고 배우는가와 관련된 문제를 우리가 이해하는 데 지대한 공헌을 해 왔다. 그의 많은 연구는 획기적인 것이었고 그의 긴 생애를 통해 학생, 교사, 정책 입안자들과 다른 사람들에게 영향을 끼쳤고 그는 많은 인정과 존경을 받았다. 2007년에는, 그가 결실 있는 연구를 하느라 수년을 보낸 옥스퍼드대학의 한 건물의 이름이 그의 이름으로 명명되었고 그 개관식에서 그는 필수적인 학습도구로서의 내러티브에 관한 그의 가장 최근 이론을 강연했다.

그는 일생 동안 그의 모든 다른 역할에서 자신의 윤리적, 정치적 입장을 유지했다. 그가 젊었을 때는 스페인내전에서 공화당파에 지원하려 했었고 제2차 세계대전이 시작되었을 때는 군에 입대하려 했으나 시력이 나빠 거절당했다. 1960년대 시민권운동과 반전운동을 포함한 사건들이 그의 세대의 다른 사람들에게 영향을 끼쳤듯 그의 사고에도 영향을 주었으며 그는 결코 혁명적이지는 않았지만 약간 반체제적인 아웃사이더로 남아 있었다.

레지오 에밀리아 시(市)를 최근에 방문했을 때 나는 레지오 어린이센터를 방문했다. 그 센터는 레지오 에밀리아 접근법의 창시자 로리스 말라구찌(Loris Malaguzzi)를 기려서 파르메산 치즈공장을 개조해 헌정한 곳이다. 그 센터의 벽에는 넬슨 만델라 대통령, 다리오 포(Dario Fo, 이탈리아의 극작가 겸 배우), 하워드 가드너 박사의 사진들과 함께 제롬 브루너의 미소 짓는 사진이 있었다. 그뿐 아니라 그 센터에는 수년간에 걸친 아이들의 작품이 전시되어 있었다. 그 작품들은 아이들이 얼마나 유능한지, 아이들이 어떤 놀라운 질문들을 하고 답하는지, 아이들이 자신들의 아이디어와 생각과 감정을 나타내기 위해 어떻게 가능한 모든 것을 사용하는지를 보여 주었고 그 모든 것은 북부 이탈리아의 그 특정한 작은 도시의 문화와 환경에 견고하게 뿌리를 두고 있었다. 내가 20년 전 말라구찌를 만났을 때 그가 정규교육이 이루어지기 전 몇 년 동안 다져진 기초가 아이에게 남아 아이들이 정규교육의 지루함을 견딜 수 있게 해 주고, 여전히 유능하고 생각하며 표현하고 소통하는 사회적 존재로 모습을 드러낸다고 굳게 믿는다고 말했던 것을 기억한다.

그 센터는 말라구찌의 업적뿐 아니라 그를 지지한 모든 사람들—지역사회의 여성들, 그 프로젝트를 지지하고 재정지원을 해 줄 준비가 된 줄지은 정치지도자들, 근처 볼로냐에 있는 대학의 연구자들, 그리고 전 세계 연구자들, 그중 한 사람인 브루너—의 업적에도 경의를 표한다. 그 센터 안에는 이동은 가능하지만 영구적인 장치인 Artelier Raggio di Luce라는 빛줄기가 있다. 이것은 그 지역의 유치원과 영유아센터의 교육전문가들의 경험에서 나온 것인데 그들은 아이들이 빛에 매료된다는 것에 주목했고 아이들이 하는 질문을 기록하고 대답에 나섰다. 그 영구적인 전시는 빛의 여러 측면—무지개가 어떻게 만들어지는지, 형광, 반사, 그림자, 빛과 물, 굴절되는 빛, 굴절이 어떻게 이루어지는가와 같은 것들—을 탐험하도록 해 준다. 그

장치에서 일하는 아틀리에스타가 4명 있고 아이들이 그룹으로 와서 거기에서 시간을 보낸다. 영아, 유아, 유치원 아이들, 초등학교 아이들이 있고 최근에는 중학교 아이들도 거기에 가고 있다. 여기서 우리는 브루너의 나선형 교육과정이 실행되고 있음을 본다. 아이들이 말하고 행동하는 것은 기록되고 나중에 전시물이나 책으로 볼 수 있게 될 것이다.

아틀리에스타는 그 접근방식이 가설을 제기하는 유능한 아이의 정신을 증진시키는 접근방식이 되어야 한다고 결정한다. 그들은 정규 학교교육이 질문에 대답하는 것을 요구한다는 것을 알지만 브루너처럼 교육은 광범위한 의미에서 보다 더 많은 것에 대한 것이고 아이들은 그들의 흥미를 자극하는 것은 무엇이든 모든 가능한 방법으로 탐험해 볼 기회를 가져야 한다고 느낀다. 그 모든 것은 문화와 환경에 깊이 뿌리를 둔 것이다. 이런 이유로 레지오 에밀리아에서 일어나는 것을 다른 장소로 수출하는 것은 불가능하다.

우리가 보았듯이 브루너의 영향은 심리학 이외에 다른 학문에도 퍼졌다. 내러티브에 관한 그의 연구는 교육과 유아기 분야뿐만 아니라 법, 의학, 문학 분야의 영향을 받았고 또한 그런 분야에 영향을 주었다. 내러티브에 관해 그가 이야기한 것은 그의 접근방식을 요약하며 우리에게 생각할 거리를 계속 준다.

스토리텔링은 낯선 사람들을 친숙하게 만들고 우리 자신을 개인적이고 독특하게 만드는 이원론적인 문화적 기능을 수행한다. 만약 학생들이 한 세트의 환경에서부터 나왔을지도 모르는 다른 산출물들에 대해 생각하도록 장려된다면 그들은 어떤 주제에 대한 지식의 편리성을 입증하고 있는 것이다. 그들은 단지 지식과 사실을 유지하기보다 그것을 넘어서서 다른 산출물에 대해 생각하는 데 그들의 상상력을 사용한다. 왜냐하면 그들은 이야기를 이해하는 데 논리적 주장의 완성을 필요로 하지 않기 때문이다. 이것은 그들이 미래에 대해 생각하도록 도와주고 교사들에게도 자극을 준다.

(Crace, 2007)

어떤 의미에서 이 책은 그 생애가 20세기 거의 전부와 21세기까지 걸쳐 있는 특별한 사람의 삶과 시대와 생각에 관한 이야기를 해 왔다. 방대한 양의 연구를 하면서 이 사람은 교수, 교사, 이론가, 인도주의자가 되었고 다른 사람들로 하여금 사람이 가장 효과적으로 배우고 가르치는 방법을 볼 수 있도록 하였다. 10년도 더 전에 쓰였지만 오늘날에도 놀랍도록 적절한 그의 말로 이 책을 끝내고자 한다.

학교교육은 문화가 젊은이들을 표준적인 방식으로 어떻게 인도하는가 하는 문제의 단지 일부분이라는 것은 사실이다. 실제로 학교교육은 젊은이들을 공동의 삶의 요구조건들로 인도하는 문화의 다른 방식과 심지어 상충될지도 모른다… 점점 더 분명해지는 것은 교육이 단지 교육과정이나 표준, 시험과 같은 학교의 전통적인 사안들에 관한 것만은 아니라는 것이다. 우리가 학교에서 해결하는 것은 사회가 젊은이들에 대한 교육적 투자를 통해 성취하고자 하는 것이 무엇인가 하는 보다 광범위한 맥락에서 고려될 때 의미가 있는 것이다. 우리는 마침내, 한 사람이 교육에 대해 어떤 생각을 하는가는 한 사람이 문화와 문화의 목표에 대해 어떻게 생각하는가와 함수관계에 있다고 깨닫게 되었거나 공언하게 되었다.

(Bruner, 1996: ix - x)

용어해설

주 : 브루너에 의해 사용된 핵심어는 **볼드**로 표기된다.

Abstract(추상적인) : 어떤 것에 대해 구체적인 실제, 특정한 물체 또는 사실적인 사례를 제외하고 생각하는 것을 의미한다.

Accommodation(조절, 調節) : 피아제에 의해 사용된 용어로 새로운 정보와 새로운 경험의 결과로 어떤 사람의 기존의 스키마나 아이디어가 변화하는 것을 의미한다. 이 과정에서 새로운 스키마가 발달될 수도 있다.

Adaptive responses(적응 반응) : 환경이나 사회에서 어떤 것에 대한 반응

Affirmative(적극적인) : 불평등한 어떤 것을 바로잡는다는 의미이다. 그래서 적극적 우대 조치(affirmative action)는 여자들이나 흑인들, 다른 그룹에서 온 사람들이 어떤 것을 얻거나 어떤 일을 하는 데 있어 특별한 배려를 하도록 하는 것을 의미한다.

Amplification systems(확장 시스템) : 문화 내에서 발달된 도구로 행동이나 감각을 향상시키거나 생각을 확장하는 도구들을 의미한다.

Anomaly(변칙, 기형) : 적합하지 않아서 이상하거나 이례적으로 특이해 보이는 어떤 것

Anthropology(인류학) : 사회와 문화의 발전을 포함하여 인류의 기원과 행동에 대한 과학적인 연구

Apprentices(견습생, 도제) : 직업세계에서 차용한 말로 더 경험이 많은 사람들로부터 배우는 사람들을 의미한다.

Asili nidi(탁아소) : 매우 어린 아이들을 위한 장소라는 뜻의 이태리어이다. 글자상의 의미는 '둥지(nests)'이다.

Assimilation(동화, 同化) : 피아제가 사용한 용어로 새로운 정보를 취득한다는 의미이다.

Asymmetric actions(불균형적인 행동) : 브루너가 사용한 용어로 한 쌍에서의 각 짝이 동등하지 못한 비대칭적인 상황을 말하며 한쪽은 주로 중요한 작용을 하는 어른이 된다.

Attention Following(AF)(관심 따라가기) : 상호작용의 한 방법으로 양육자가 아이가 주목하는 관심의 초점을 따라간다.

Attention-mapping hypothesis(관심 매핑 가설) : 토마셀로가 사용한 표현으로 아이와 양육자가 같은 관심사를 가지고 행동에 참여하는 것을 말한다.

Attention switching[관심(주의) 전환] : 상호작용의 한 방법으로 양육자가 아이의 관심의 초점을 그들에게로 돌리는 것을 말한다.

Biological needs(생물학적 욕구) : 먹을 것, 마실 것, 온기, 주거지, 그리고 기타 성장과 발달을 위해 필요한 것들에 대한 유아들의 요구

Buffered(보호되는) : 브루너는 이 용어를 보호된다는(protected) 의미로 사용했다.

Causation(인과관계) : 원인과 결과에 대한 이해

Cerebral development(두뇌 발달) : 뇌와 사고의 성장과 발달

Codes(어법) : 번스타인은 맥락, 문화, 경험에 따라 달라지는 언어적 어법에 대해 말했다.

Cognition(인지) : 지식을 습득하고 이해하는 것과 연관된 정신적 과정을 의미하는 용어로 사고하기, 알기, 기억하기, 판단하기, 문제해결하기 등을 포함한다. 이러한 것들은 두뇌의 상위수준 기능으로 언어, 상상, 인식, 계획을 망라한다.

Cognitive development(인지발달) : 지적 혹은 정신적 발달로 알려진 것으로 우리가 알게 되고 이해할 수 있게 되는 과정이다.

Cognitive map/mental map(인지도/심적 지도) : 환경의 배치에 대한 정신적 표상. 예를 들어 친구가 여러분에게 집으로 가는 길을 물었을 때 여

러분은 마음속에서 친구의 집을 출발점으로 여러분의 집까지 가는 길에 있는 도로, 좌회전이나 우회전해야 하는 곳, 이정표 등에 대한 이미지를 만들 수 있다.

Cognitive science(인지과학) : 마음과 생각에 대한 학제적 연구로 심리학, 인공지능, 철학, 신경과학, 언어학, 인류학, 사회학, 생물학 등 여러 분야에 걸친 연구를 포함한다.

Communication(의사소통) : 사람들 또는 동물들 사이의 의미 공유

Communities of practice(실천 공동체) : 실행 공동체라고도 하며, 공통의 관심영역이나 전문적 기술영역을 공유하는 사람들의 집단. 우리의 목적을 위해 함께 학습하는 아이들이 실천 공동체로 이해될 수도 있다.

Compensatory(보상적) : 인지된 결함에 대해 보상하는 것

Competent(유능한) : 보통의 정의는 '할 수 있는(able)'이다. 유능한 유아는 배울 수 있는 준비가 갖추어진 유아를 말한다.

Conditioned reflex(조건 반사) : 1차 자극(예 : 고기를 보여 주는 것)과 관련된 2차 자극(예 : 종을 울리는 것)에 의해 반응(예 : 개의 침 분비)이 일어나는 반사

Constrained(제한된) : 어떤 것에 의해 한정되거나 제한되는

Constraints tenet(구속주의 입장) : 브루너의 네 가지 가능한 입장 중 하나로 브루너에 따르면 모든 사고에는 아이 자신의 경험과 문화에서 부가되는 제약이 있다는 것이다.

Constructivism(구성주의) : 우리의 경험을 반영시킴으로써 우리가 살고 있는 세계에 대한 이해를 구성한다는 생각에 기초한 학습에 대한 철학. 우리 각자는 우리의 '규칙'과 '정신적 모델'을 생성하여 우리의 경험을 이해하는 데 사용한다. 따라서 학습이란 우리의 새로운 경험을 수용하기 위해 정신적 모델을 조정하는 과정이다.

Constructivist tenet(구성주의자 입장) : 브루너가 우리에게 상기시키는 또

다른 입장으로 의미는 발견되는 것이 아니라 구성되거나 만들어진다는 것이다.

Context(맥락) : 어떤 일이 어디에서 일어나는가를 의미하는데 여기에서의 '어디(where)'는 장소를 지칭할 뿐만 아니라 '누가', '어떤 상황이나 환경에서'와 같은 좀 더 광범위한 것들을 의미한다.

Core member(핵심 구성원) : 실천 공동체의 다른 구성원들에 의해 완전히 수용된 사람

Cultural deprivation(문화실조) : 어떤 문화나 집단 내에 부족한 어떤 것이 있다고 제안하는 견해로 예를 들어 영어를 제외한 언어들은 영어만큼 좋지 않다고 보는 것이다.

Cultural transmission(문화전승) : 생각, 아이디어, 개념, 가치, 신념, 문화 원리 등을 한 세대에서 다음 세대로 전하는 과정

Culture(문화) : 여러 가지로 정의될 수 있는 단어인데 여기서는 한 가지 간단한 정의만 하겠다. 문화는 사회적으로 전수된 행동양식, 예술, 신념, 제도, 그리고 인간의 일과 생각의 모든 부산물의 총체로 요약될 수 있다.

Culture-free(문화 초월) : 예를 찾기 어렵지만 문화를 넘어서는 어떤 것을 말한다. 교육과 교수학은 '문화의 영향을 받지 않는다(culture-free)'고 말할 수 없다.

Curriculum(교육과정) : 여러 가지 의미로 쓰일 수 있는 일상의 언어다. 여기서는 교육과정을 어떤 교수 학습 스타일에 따라 누구에 의해, 얼마 동안, 무엇이 학습되는가를 가리키는 학습프로그램이라고 정의할 수 있다.

Deep structure(심층구조) : 촘스키에 의해 사용된 용어로 인간은 언어의 규칙을 처리할 수 있는 능력을 타고났다는 것을 설명하는 데 사용되었다.

Deficit(결핍) : 잘못되거나 없는 어떤 것

Deixis(직시어, 直示語) : 언어학에서 사용되는 전문용어로 그 의미가 문맥에 달려 있는 단어를 가리킨다. 맥락에 의존하는 화용론적 지시관계를

나타내는 기호학 용어

Denotational(지시적, 명시적) : 나타내거나 가리키는 어떤 것

Development of mind(마음의 발달) : 인간이 생각하고, 추론하고, 문제를 제기하고 해결하고, 언어와 다른 상징체계를 사용할 수 있도록 하는 과정

Development diaries(성장 일기) : 주로 부모에 의해 만들어지는 아이의 성장발달 기록

Deviser(고안자) : 어떤 것을 창조하거나 발명해 내는 어떤 사람이나 사물

Dialogic(대화의, 문답의) : 교수-학습법의 하나로 학습자가 수동적이고 질문에 답하기보다 능동적 역할을 하고 질문하는 데 참여하는 방법이다.

Domain(영역) : 관심 영역이나 관심을 가지는 문제

Dyad(한 쌍) : 한 쌍의 사람들. 이 책에서는 엄마나 양육자와 아이 사이의 상호작용을 설명하기 위해 이 단어를 사용한다.

Egocentrically(자기중심으로) : 사람들 자신의 관점에서

Elaborated code(정교한 어법) : 번스타인이 중산층 영어사용자들의 어법을 정교하다고 말했는데 이 말은 문맥을 공유할 필요 없이 사용될 수 있는 어법을 뜻한다.

Enactive[작동적(표상)] : 브루너의 용어 중 하나로 아이가 동작이나 감각을 이용하는 첫 번째 표상단계를 설명한다.

Endemic(특정 지역 고유의) : 공통적이고 널리 퍼져 있는

Endowments(재능) : 능력이나 소질

Epistemology(인식론) : 지식의 특성에 대한 연구

Equilibrium(평형) : 피아제의 용어 중 하나로 균형(balance)을 뜻하는데 피아제는 평형을 학습목표로 말한다.

Explicit(명쾌한) : 분명하고 명백한 어떤 것을 말하고 '내포된(implicit)'과 반대의 의미이다.

Folk pedagogy(일상 교수학) : 브루너가 사용한 용어로 보통의 전문지식이 없는 사람들이 교수활동에 대해 어떻게 생각하는가에 대해 말한다.

Formal education(정규교육) : 아이들이 언제 법으로 정한 교육에 들어가는가를 말하며 학습자에게 요구되는 것이 추상적으로 생각할 수 있는 — 추론하고 논리적이며 더 이상 직접 해 보는 경험을 요구하지 않는 — 능력이라는 것을 제시하기 위해 종종 사용된다.

Formats(포맷) : 브루너의 주요 개념으로 어른들이 반복된 행동이나 일상을 통해 아이들의 학습을 스캐폴딩할 수 있도록 하는 방식을 말한다.

Goal structure(목표구조) : 모든 상호작용에는 일종의 보상이나 목표의 가능성이 있다.

Goal-directed behavior(목표지향적 행동) : 목표를 향한 행동. 예를 들어 손을 뻗어 장난감 가지기

Grammar(문법) : 언어를 결속시키는 규칙들

Hard-wired(원래 갖추고 있는) : '타고난', '선천적인'이라는 의미이다.

Hominids(인류의 조상) : 유인원

Homophones(동음이의어) : 같은 소리가 나는 단어. 예를 들어 'herd'와 'heard', 'by'와 'buy' 등

Hunter-gatherer groups(수렵채집민) : 수렵과 채집으로 사는 사람들

Iconic[도상적(표상)] : 브루너의 두 번째 표상단계로 이미지와 그림을 이용한다.

Idealised(이상화된) : 이상적인 사람, 가족, 부모, 아이의 이미지. 정의상, 이것은 이 견해를 가진 사람들의 집단에 대해 호감을 가지고 있다.

Implicit(내포한) : 명백하지는 않지만 풀거나 추측해야 하는 어떤 것

Induct(인도하다) : 어떤 사람을 어떤 것으로 끌어당기는 것

Initial cognitive endowment(초기 인지적 능력) : 어떤 사람이 태어나면서부터 가지는 학습능력

Innate(선천적인) : 타고나는

Intention(의도) : 목적이나 목표. 브루너에게 유아의 삶은 의도적이거나 목적의식이 있는 행동으로 특징지어졌다.

Interaction(상호작용) : 둘 또는 그 이상의 사람들 사이의 교환

Interactional tenet(상호작용적 입장) : 브루너의 또 다른 입장으로 여기서는 그 의미가 분명하다. 학습은 사회적이며 사람들은 다른 사람들과 함께 다른 사람들을 통해서 배운다.

Interdisciplinary(학제적인) : 어떤 문제를 고려할 때 한 가지 이상의 학문이 연관되는 것이다. 학문(discipline)이라 할 때 우리는 학문과 사고의 영역을 말한다. 따라서 브루너가 말하는 '학제적인'이라는 것은 심리학, 인류학, 언어학 등의 관점에서 어떤 것을 생각하는 것이다.

Internal(내적인) : 일상적인 의미는 '내부의(inside)'라는 뜻인데 여기서는 학습자의 뇌에서 종종 보이지 않는 채로 일어나는 것을 지칭한다.

Interpretive social science(해석적 사회과학) : 이 용어를 정의하기는 어려운데 측정이나 테스트보다 관찰이나 인터뷰 같은 방법으로 설명하는 데 관심을 가지는 사회과학을 뜻한다.

Intersubjectivity(간주관성) : 사람들 서로 간의 상호작용으로 만들어진 공유된 의미로 사회적 · 문화적 삶의 요소의 의미를 해석하는 데 있어 일상의 자료로 활용된다.

Intonation patterns(억양 패턴) : 유창한 언어 사용자가 만들어 내는 특정한 소리 패턴으로 사람에 따라, 역할에 따라, 사회계층 같은 것에 따라 다를 수 있다.

Joint attention(공동관심) : 부모와 아이가 동일한 것에 주의와 관심을 기울이는 행위

Joint intention(공동의도) : 사람들이 같은 목표나 목적을 향해 일하는 것

Labile(불안정한) : 쉽게 싫증나고 피곤한

Language(언어) : 소리나 쓰기와 같은 상호인식 가능한 상징체계로 의사소
통하는 방법

Language acquisition(언어 습득) : 넓은 의미에서 인간 유아가 언어를 습득
하고 사용하기 시작하는 방법으로 모든 의사소통 형태(말뿐만 아니라
제스처, 억양, 눈으로 가리키기)를 포함한다.

Language Acquisition Device(LAD, 언어 습득 장치) : 촘스키가 소개한 용
어로 그가 가설을 세운 선천적 지능을 설명한다. 인간 유아들은 이 장치
를 가지고 태어나며 이 장치는 유아들로 하여금 제한되고 단편적인 언어
입력을 기초로 하여 모국어의 문법을 구성하고 내재화할 수 있게 한다.

Language Acquisition Support System(LASS, 언어 습득 보조 장치) : 브루
너가 사용했고 촘스키의 LAD(언어 습득 장치)를 강화하고 언어 습득에
대한 분석이 가족과 다른 보조 환경에서 일어난다는 것을 확신시키기
위해 사용된 용어이다.

Learning(학습) : 신념, 가치, 원리, 개념, 아이디어 등에 적용해야 하지만
가장 기본적으로 지식과 기술(skills)의 습득을 의미한다.

- Prior learning(선행학습) : 학습자가 이미 학습한 것

Legitimate peripheral participation(합법적인 주변참여) : 학습자가 그룹의
일부가 되어 받아들여져서 고립되지 않는 초기단계에서 일어난다.

Logic(논리) : 추론하는 것

Logical thinking(논리적 사고) : 논리적이고 일관성 있는 추론

Linguistic(언어적인) : 언어와 관련된

- Prelinguistic(전언어적) : '언어 습득 이전'이라는 뜻으로 이 용어는 종
종 논란이 된다.

Meaning(의미) : 이해하기 또는 파악하기라는 뜻으로 의미를 만든다는 것
은 이해한다는 뜻이다.

Means-end readiness(수단-목적 준비도) : 특히 브루너에 의해 사용된 표

현으로 목표를 성취하기 위한 행동을 취할 잠재력을 말한다.

Mechanic(기계론적인) : 어떤 현상을 설명하는 데 물리적 또는 생물학적인 원인만 언급하려는 경향이 있다는 의미이다.

● 언어 학습의 기계론적 견해 : 언어 습득에 있어 문화와 상호작용보다 생물학에 대해 언급하면서 설명하는 것

Mediation(중재) : 이 말은 가끔씩 목표를 향해 가는 과정을 뜻하지만 비고츠키와 브루너는 경험이 더 많은 학습자가 다른 학습자를 도와주기 위해 사용하는 과정을 뜻하는 용어로 사용했다.

Mind(마음) : 어떤 사람의 생각과 감정을 맡고 있는 것으로 능력(faculty)과 사고력(reason)의 근원

Moderator(중재자) : 어떤 것을 제한하거나 용이하게 하는 어떤 것

Narrative(내러티브) : 스토리텔링의 다른 말로 브루너에게는 우리가 경험을 이해하는 방식으로서 중요하다.

Nativism(토착주의) : 미국에서 더 자주 사용되는 말로 다른 집단보다 'native(토착민)' 집단의 요구를 더 중요하게 생각하는 경향을 말한다.

Niche(적소) : 'nest'에 해당하는 불어에서 온 말로 어떤 한 사람이나 한 생각에만 중요한 장소나 위치를 의미한다.

Non-nutritive sucking(비영양적 빨기) : 음식이나 다른 자양분을 섭취하는 것 이외의 이유로 빠는 것

Novel utterance(새로운 발화) : 촘스키가 사용한 말로 어린아이가 능숙한 화자로부터 들은 적이 없는 것을 말하는 것을 의미한다. 여기서 novel은 새롭다는 뜻이다.

Object highlighting(대상 강조하기) : 브루너가 사용한 어구로 양육자가 아이의 관심을 어떤 대상으로 돌리는 것을 설명할 때 사용한다.

Object play formats[대상(사물) 놀이형식] : 브루너가 사용한 표현으로 대상의 이름을 학습하는 것을 둘러싼 일상을 가리킨다.

Ordered(질서정연한) : 체계적이라는 의미

Paradigmatic(범례적인 혹은 패러다임적) : 모델이 될 수 있는 어떤 것

Peripheral member(주변인) : 어떤 그룹의 일원으로 완전히 받아들여지지 않은 사람

Perspective tenet(기본적 시각) : 브루너의 입장 중 하나로 학습자가 어떻게 다른 사람의 견해나 아이디어를 수용할 수 있게 되는가를 강조한다.

Place holder(플레이스 홀더) : 브루너가 사용했던 말로 어떻게 말이 어떤 대상을 대신해서 사용되게 되는가를 말한다. 그리고 이것은 아이가 상징을 사용하는 쪽으로 가게 한다.

Play(놀이) : 여러 가지로 정의될 수 있지만 여기서는 아이들의 흥미를 끄는 어떤 것을 알아내고 자신들의 아이디어, 생각, 감정을 표현하는 방법을 찾을 때 하는 것을 말한다. play의 핵심은 스스로 선택하고 목적의식이 있다는 것이다.

Political(정치적) : 여러 의미로 쓰이지만 이 책에서 브루너가 어떤 사람을 정치적이라고 말할 때 그는 종종 권력과 힘 같은 이슈를 고려했다.

Positive social response(긍정적인 사회적 반응) : 그것을 받은 사람들을 즐겁게 하는 미소나 친절한 말 같은 반응

Practice(실천) : 어떤 사람이 실행하고 실천하는 것

Predispose(성향을 가지다) : 어떤 것을 하거나 성취할 준비가 되어 있다.

Predetermined goals(사전에 결정된 목표) : 활동 전에 결정되어 학습자에게 부가된 목표나 결과이다. 의미를 찾는 데 자신들의 목표를 두는 어린 아이들에게는 종종 부적합하다고 여겨진다.

Protagonist(주인공) : 드라마에서 주도적 역할을 하는 사람

Protonarrative(최초의 내러티브) : 처음 또는 가장 초기 이야기

Psycholinguistic(심리언어학적인) : 심리언어학 또는 언어의 심리학은 인간이 언어를 습득하고 사용하고 이해하고 만들어 낼 수 있도록 하는 심리

적, 생물학적, 신경 요인들을 연구하는 학문이다. 이것은 사회적인 것, 문화적인 것, 환경적인 것에는 주의를 기울이지 않는다.

Psychology(심리학) : 심리학의 사전적 정의는 정신과 개인적 발달을 연구하는 학문이다.

Reciprocal respect(상호존중) : 브루너가 레지오 에밀리아의 기풍을 묘사했던 말이다. 이 말은 어떻게 아이들이 존중 받고 존경을 표하는가, 어떻게 교육자들이 존경 받고 존경을 표하는가, 그리고 부모와 양육자가 어떻게 존경 받고 존경을 표하는가를 말한다.

Reference or naming(지시 또는 이름 부르기) : 글자 그대로 어떤 것에 관심을 기울인다는 뜻이고 이것은 우리가 명명은 상호작용과 공유된 관심을 포함한다는 것을 알도록 하는 데 있어 도움이 된다.

Reference system(지시체계) : 정리하고 분류하기 위한 시스템. 아이들의 발달에 필수적인 인지도구

Referential(지시) : 어떤 것을 지시하는 방법(말, 가리키기, 보기 등)

Reflexes(반사작용) : 자극에 반응하는 무의식적이고 거의 즉각적인 움직임

Reinforcer(강화인자) : 어떤 것이 다시 반드시 일어나도록 하는 어떤 것

Reinforcement(강화) : 어떤 것이 반복되도록 확실하게 하는 것을 의미한다.

Repository[지식, 정보 등의 보고(寶庫)] : 저장 장소

Request(요청) : 브루너의 용어로 질문을 하거나 도움 또는 지지를 요청하는 것

Request for action(행동 요청) : 아이는 어떤 일을 하도록 요청 받을 수도 있다.

Request for information(정보 요청) : 아이는 왜 그 일을 하는지 질문을 받는다.

Restricted code(제한적 어법) : 번스타인이 사용한 용어로 어떤 지시 대상이나 문맥을 공유하는 사람들에 의해 사용되는 언어를 사용하는 어법을

말한다.

Rule-bound(규칙에 따르는) : 규칙에 의해 묶인 어떤 것. 브루너는 이 말을 언어와 같은 의사소통체계에 적용했다.

Scarification(상처 내기) : 어떤 나이에 도달했을 때의 의식의 한 부분으로 몸에 상처를 내는 관습

Scaffolding(비계, 飛階) : 브루너가 사용한 말로 어른들이 아이의 학습을 지원하기 위해 도움을 줄 때 도움에 의존하는 것에서 독립으로 한 단계씩 차례로 가게 하는 것을 말한다.

Schemes(스키마) : 피아제가 반복된 행동의 패턴을 설명하는 데 사용한 용어이다.

Self-initiated(자기주도적인) : 흔히 자기가 고르거나 선택한 것을 칭하며 어떤 행동이나 과정을 시작하는 것을 의미하기도 한다.

Sensory processing(감각 과정) : 신경시스템이 감각투입을 받아들이고 조직하고 이해하기 위해 사용하는 방법이라고 정의된다.

Shared collective intentionality(공유된 집단적 의도성) : 가치나 신념 같은 문화 내의 집단적 특징이 아이에게 전수되는 것

Social rituals(사회적 의례) : 사회집단의 습관과 관습의 특징으로 어떤 것이 적합한 행동으로 간주되는가와 같은 규칙을 말한다.

Social pedagogues(사회적 교육자) : 아이들의 학습과 발달을 증진시키는 특정한 의무를 위해 고용된 사람들

Spiral curriculum(나선형 교육과정) : 브루너의 가장 잘 알려진 이론 중 하나로 가르침과 지원의 스타일이 그 당시 아이의 능력에 적합하다면 어떤 연령에 어떤 것을 가르쳐도 된다고 주장하는 이론이다.

Supportive action(지원행동) : 이것은 도움을 의미한다. 아이는 어른에게 도움을 요청한다.

Surface structure(표층구조) : 촘스키가 사용한 용어로 언어의 식별할 수 있

는 특징을 설명한다. 예를 들어 말(words)과 같은 것이다.

Symbolic[상징적(표상)] : 브루너의 표상의 세 번째 단계로 학습자가 상징과 같은 추상적인 체계를 사용할 수 있게 된다.

Syntactic(구문론의) : 언어를 결속하는 문법이나 규칙과 관련된 것을 의미한다.

Systematic(체계적인) : 순서와 계획에 의해 특징지어지는 어떤 것

Systematicity(체계성) : 브루너가 좋아했던 용어로 체계적인 경향을 의미하며 특히 언어에 적용된다.

Thick description(심층기술) : 기어츠가 사용한 용어로 한 사람이 아니라 여러 사람의 해석을 사용해 그림을 그려 나간다는 의미이다.

Transactionality(합의성) : 정의하기 어려운 용어인데 두 단체 간의 교환이나 합의와 관련된 어떤 것을 의미한다. 나는 이것은 상호작용을 의미한다고 제안하고자 한다.

Translocational(장소이동의) : 어떤 물건이나 사람이 물리적으로 움직이는 것과 관련되어 있다. 브루너는 아이의 도움 요청을 논의하는 데 이 표현을 사용했다.

Universal grammar(보편문법) : 언어학의 이론으로 모든 언어에 의해 공유되고 인간이 선천적으로 가지고 태어나는 문법 원리를 설명하며 일반적인 언어 습득을 설명하고자 한다. 어린이 발달에 있어서의 언어 습득을 설명하기 위해 일습의 규칙을 제시한다.

Word order(어순) : 특정한 언어 내에서 문장이 어떻게 만들어지는가에 관한 규칙

Zone of proximal development(근접 발달 영역) : 비고츠키가 사용한 용어로 아이가 도움 없이 할 수 있는 것과 도움을 받아서 할 수 있는 것의 사이의 관념적인 격차를 말한다. 이 격차는 비계되고 있는 학습에 의해 간극이 메워질 수도 있다.

참고문헌

Addessi, A. (2009) 'The Musical Dimension of Daily Routine with under-Four Children During Diaper Change, Bedtime and Free-Play', *Early Child Development and Care*, 179 (6): 747–68.

Axline, V. (1964) *Dibs: In Search of Self – Personality Development in Play Therapy*, Harmondsworth: Penguin.

Barron, I (2009) 'Illegitimate Participation? A Group of Young Minority Ethnic Children's Experiences of Early Childhood Education', *Pedagogy, Culture and Society*, 17 (3): 341–54.

Bernhard, J. E. (2004) 'Behaviour and Misbehaviour of Latino Children in a Time of Zero Tolerance: Mothers' Views', *Early Years*, 24 (1): 49–62.

Bernstein, B. (1971) *Class, Codes and Control*, vol. I, London: Paladin.

Bower, T. G. R. (1979) *A Primer of Infant Development*, San Francisco, Calif.: W. H. Freeman & Co. Ltd.

Brazelton, T. A. (1995) *The Neonatal Behavioral Assessment Scale*, Cambridge: Mac Keith Press.

Brooker, L. (2002) *Starting School: Young Children Learning Cultures*, Buckingham and Philadelphia, Pa.: Open University Press.

Brown, R. (1973) *A First Language*, Cambridge: Cambridge University Press.

Bruner, J. S. (1957) 'Going Beyond the Information Given', in J. S. Bruner, E. Brunswik, L. Festinger, F. Heider, K. F. Muenzinger, C. E. Osgood and D. Rapaport, (eds), *Contemporary Approaches to Cognition*, Cambridge, Mass.: Harvard University Press, pp. 41–69. Reprinted in J. S. Bruner (1973) *Beyond the Information Given*, New York: Norton, pp. 218–38.

——(1966a) *The Growth of Mind*, Newton, Mass.: American Psychological Association.

——(1966b) *Towards a Theory of Instruction*, Cambridge, Mass.: Harvard University Press.

——(1983a) *In Search of Mind: Essays in Autobiography*, Cambridge, New York and Philadelphia, Pa.: Harper Colophon.

——(1983b) *Child's Talk: Learning to Use Language*, Oxford: Oxford University Press.

——(1990) *Acts of Meaning*, Cambridge, Mass: Harvard University Press.

——(1996) *The Culture of Education*, Cambridge, Mass.: Harvard University Press.

——(2002) *Making Stories: Law, Literature, Life*, Cambridge, Mass.: Harvard University Press.

——(2004) 'Reggio: A City of Courtesy, Curiosity and Imagination', *Children in Europe*, 6: 27.

Bruner, J. S. and Lucariello, J. (1989) 'Monologues as Narrative Recreation of the World', in K. Nelson (ed.), *Narratives from the Crib*, Cambridge, Mass.: Harvard University Press, pp. 73–97.

Cameron, C. (2007) 'Social Pedagogy and the Children's Workforce', available online at http://www.communitycare.co.uk/articles/2007/08/08/105392/social-pedagogy-and-the-childrens-workforce.html (accessed 19 October 2010).

Cavallini, I. F. (2008) *We Write Shapes That Look Like a Book*, Reggio Emilia: Reggio Children

Coriandoli.

Crace, J. (2007) 'Jerome Bruner: The Lesson of the Story', interview in *The Guardian*, 27 March.

Dunn, J. (1988) *The Beginnings of Social Understanding*, Oxford: Blackwell.

Dyson, A. H. (1997) *Writing Superheroes: Contemporary Childhood, Popular Culture and Classroom Literacy*, New York: Teachers College Press.

Ebrahim, Hasina Banu (2008) 'Situated Ethics: Possibilities for Young Children As Research Participants in the South African Context', *Early Child Development and Care*, 1–10.

Emiliani, F. (2002) *Il Bambino Nella Vita Quotidiana (The Child in Everyday Life)*, Rome: Carocci.

Five- and Six-Year Old Children of the Fiastri and Rodari Preschools (2001) *The Future Is a Lovely Day*, Reggio Emilia: Reggio Children.

Francis, H. (1983) 'How Do Children Learn to Say What They Mean?' *Early Childhood Development and Care*, 11: 3–18.

Geertz, C. (1973) *The Interpretation of Cultures: Selected Essays*, New York: Basic Books.

Gillen, J. C. (2007) '"A Day in the Life": Advancing a Methodology for the Cultural Study of Development and Learning in Early Childhood', *Early Child Development and Care*, 177 (2): 207–18.

Gopnik, A. M., Meltzoff, A. N. and Kuhl, P. K. (1999) *The Scientist in the Crib: What Early Learning Tells Us About the Mind*, New York: HarperCollins.

Guadalupe San Miguel, J. (1987) *'Let All of Them Take Heed': Mexican Americans and the Campaign for Educational Equality in Texas*, Austin, Tex.: University of Texas Press.

Inghilleri, M. (2002) 'Britton and Bernstein on Vygotsky: Divergent Views on Mind and Language in the Pedagogic Context', *Pedagogy, Culture and Society*, 10 (3): 467–82.

Karmiloff-Smith, A. (1994) *Baby It's You: A Unique Insight into the First Three Years of the Developing Baby*, London: Random House.

Kenner, C. (2010) 'Learning about Writing through Bilingual Peer Teaching', in S. Smidt (ed.), *Key Issues in Early Years Education*, London and New York: Routledge, pp. 66–72.

Kyriacou, C. I. (2009) 'Social Pedagogy and the Teacher: England and Norway Compared', *Pedagogy, Culture and Society*, 17 (1): 75–87.

Lee, H. (1960) *To Kill a Mockingbird*, London: Pan Books.

Macrory, G. (2007) 'Constructing Language: Evidence from a French–English Bilingual Child', *Early Child Development and Care*, 177 (6 and 7): 781–92.

McDonagh, J. A. and McDonagh, S. (1999) 'Learning to Talk, Talking to Learn', in J. Marsh and E. Hallet (eds), *Desirable Literacies*, London: Paul Chapman, pp. 1–17.

Mattingly, C. L., Lutkehaus, N. C. and Throop, C. J. (2008) 'Bruner's Search for Meaning: A Conversation Between Psychology and Anthropology', *Ethos*, 6 (1): 1–28.

Paley, V. G. (1988) *Bad Guys Don't Have Birthdays: Fantasy Play at Four*, Chicago, Ill.: University of Chicago Press.

———(1999) *The Kindness of Children*, Cambridge, Mass.: Harvard University Press.

Petrie, P. (2005) 'Schools and Support Staff', *Support for Learning*, 20 (4): 176–80.

Pinker, S. (1994) *The Language Instinct*. London: Penguin.

Reggio Tutta (2001) *Reggio Tutta: A guide to the city by the children*, Reggio Emilia: Reggio children.

Rosen, H. (1984) *Stories and Meanings*, Kettering: Nate Papers in Education.

Rosen, M. (2002) *Carrying the Elephant: A Memoir of Love and Loss*, London: Penguin.

Roy, A. (1998) *The God of Small Things*, London: Flamingo.

Rudd, L. D. (2008) 'Does Improving Joint Attention in Low-Quality Child-Care Enhance Language Development?' *Early Child Development and Care*, 178 (3): 315–38.

Saxon, T. F. and Reilly, J. (1998) 'Language Competence and Joint Attention in Mother–Toddler Dyads', *Early Childhood Development and Care*, 142: 33–42.

Smidt, S. (2009) *Introducing Vygotsky: A Guide for Practitioners and Students in Early Years Education*, London and New York: Routledge.

Snow, C. (1977) 'The Development of Conversation between Mothers and Babies', *Journal of Child Language*, 4: 1–22.

Stern, D. H. (1982) 'Interpersonal Communication: The Attunement of Affected States by Means of Intermodal Fluency', paper presented at the International Conference on Infancy Studies, Austin, Texas, March.

Sylva, K. E.-B. (2004) *The Effective Provision of Pre-School Education (EPPE) Project: Findings from Pre-School to End of Key Stage 1*, London: Sure Start.

Tallis, R. (2010) *Michelangelo's Finger: An Exploration of Everyday Transcendence*, London: Atlantic Books.

Tomasello, M. A. and Rakoczy, H. (1992) 'The Social Bases of Language Acquisition', *Social Development*, 1: 67–87.

——(1999) *The Cultural Origins of Human Cognition*, Cambridge, Mass: Harvard University Press.

——(2003) 'What Makes Human Cognition Unique? From Individual to Shared to Collective Intentionality', *Mind and Language*, 18 (2): 121–47.

Wells, G. (1981) *Learning through Interaction: The Study of Language Development*, Cambridge: Cambridge University Press.

Wenger, E. (1998) *Communities of Practice: Learning, Meaning, and Identity*, Cambridge: Cambridge University Press.

Williams, A. (2004) 'Playing School in Mulitethnic London', in S. L. E. Gregory (ed.), *Many Pathways to Literacy*, London and New York: RoutledgeFalmer, pp. 52–65.

찾아보기

주제

간주관성 203
공동(주의)관심 118
공동(주의)관심 관리하기 125
공동의도 138
공동 행동 144
공유를 통해서 가르치기 72
관심 따라가기 128
관심매핑가설 127
관심 전환 128
교육과정 28, 37, 177
교육의 문화 29
구성주의자 입장 169
구속주의 입장 169
근접 발달 영역 51, 131
기대 정하기 71
기본적 시각 168
나선형 교육과정 183, 230
내러티브 29
내러티브적 감수성 215
내러티브 조숙증 214
놀이 106
단일언어 연구 153
대상(사물)에 관한 요청 139
도상적 단계 48
동화 46

레드 스페이드(red spade) 실험 22
레지오 에밀리아 접근법 228
마음의 발달 32
문화실조 68
문화의 전승 39
발달 봉사 68
발화 148
법적인 이야기 204
보편적인 문법 96
비영양적 빨기 89
빨기 반사 63
사물(대상)놀이형식 127
사회적 교수학 187
사회적인 교육자 188
상징적 단계 48
상호작용적 입장 169
수단(agency) 64
슈어 스타트(Sure Start) 프로그램 66
스캐폴딩 51
스토리텔링 217, 231
신생아 행동 평가 척도 61
신호로 알리기 117
실천 공동체 170
심층 구조 96
심층기술 204, 207

언어 습득 보조 장치 28, 98
언어 습득 장치 28, 96
엄마-유아의 상호작용 27
요청 138
원형 내러티브 212
의미와 문화 24
이름 부르기 116
이야기 만들기 29
이야기의 뼈대 220
이중 언어 습득 153
인류학 25
인지과학 23
일상 교수학 165
자서전 217
자신에 대한 내러티브 만들기 217
자아상 176
작동적 단계 48
전언어적 28
전언어적(prelinguistic) 의사소통 99
정교한 어법 129
정신적 스키마 46
제한된 어법 129
조건 반사 23
조절 47
준비도 184
증폭장치 38
지시의 성장 125
지시이론 116
지시하기 118

지원 행동 요청 148
직시어 124
첫언어 28
타고난 초기의 인지 재능 88
포맷 98
표면상의 구조 96
플레이스홀더 127
하버드 의자 63
학교교육 38
학교의 존재 38
학습이론 23
함축된 교육과정 177
합법적 주변 참여 173
해석적 사회과학 25
행동적 묘사 61
헤드 스타트(Head Start) 프로그램
  29, 66
AF 128
AS 128
Little School of 400 66

인명

가드너 228
고프닉 64
기어츠 30, 207
다이슨 222
라이언 127
레비 스트로스 30
로젠 218

루리아 29
말라구찌 228
매팅글리 206
배런 173
버크 76
부르디외 182
브라운 145
브레즐튼 60
비고츠키 26, 45, 50
사르트르 17
스턴 126
에브라힘 209
와일드 217
촘스키 27, 96
칼닌즈 63
탈리스 121
톨만 23
티헤리나 66
파블로프 23
파푸제크 27
페일리 72
포퍼 20
프레이리 182
프로이트 26
피아제 26, 45
핑커 124
Addessi 103
Bernstein 128
Brooker 176

Broom 26
Cameron 188
Crace 231
Emiliani 104
Foucault 128
Gillen 208
Inghilleri 129
Karmiloff-Smith 156
Kenner 191
Kyriacou 188
Lave 170
Lucariello 214
Macrory 153
McDonagh and McDonagh 132
Oppenheimer 17
Paley 100, 224
Petrie 188
Putnam 117
Roy 203
Rudd 141
San Miguel 67
Saxon and Reilly 128
Sylva 161
Tallis 146
Tomasello 127, 203
Tomasello and Rakoczy 146
Wenger 170
Williams 119